DOMINANDO LEGAL OPS

Luis Gustavo Potrick Duarte

DOMINANDO LEGAL OPS

Integrando Pessoas, Processos e Tecnologias

Inclui **MATERIAL SUPLEMENTAR**
- Vídeos

- O autor deste livro e a editora empenham seus melhores esforços para assegurar que as informações e os procedimentos apresentados no texto estejam em acordo com os padrões aceitos à época da publicação, e todos os dados foram atualizados pelo autor até a data de fechamento do livro. Entretanto, tendo em conta a evolução das ciências, as atualizações legislativas, as mudanças regulamentares governamentais e o constante fluxo de novas informações sobre os temas que constam do livro, recomendamos enfaticamente que os leitores consultem sempre outras fontes fidedignas, de modo a se certificarem de que as informações contidas no texto estão corretas e de que não houve alterações nas recomendações ou na legislação regulamentadora.

- Fechamento desta edição: 19/02/2025

- O autor e a editora se empenharam para citar adequadamente e dar o devido crédito a todos os detentores de direitos autorais de qualquer material utilizado neste livro, dispondo-se a possíveis acertos posteriores caso, inadvertida e involuntariamente, a identificação de algum deles tenha sido omitida.

- Direitos exclusivos para a língua portuguesa
  Copyright ©2025 by
  Saraiva Jur, um selo da SRV Editora Ltda.
  Uma editora integrante do GEN | Grupo Editorial Nacional
  Travessa do Ouvidor, 11
  Rio de Janeiro – RJ – 20040-040

- **Atendimento ao cliente: https://www.editoradodireito.com.br/contato**

- Reservados todos os direitos. É proibida a duplicação ou reprodução deste volume, no todo ou em parte, em quaisquer formas ou por quaisquer meios (eletrônico, mecânico, gravação, fotocópia, distribuição pela Internet ou outros), sem permissão, por escrito, da **SRV Editora Ltda.**

- Capa: Lais Soriano
  Diagramação: Fabricando Ideias Design Editorial

- **DADOS INTERNACIONAIS DE CATALOGAÇÃO NA PUBLICAÇÃO (CIP)
  ODILIO HILARIO MOREIRA JUNIOR – CRB-8/9949**

D812d   Duarte, Luis Gustavo Potrick
　　　　Dominando Legal Ops – Integrando Pessoas, Processos e Tecnologias / Luis Gustavo Potrick Duarte. – São Paulo: Saraiva Jur, 2025.

200 p.
ISBN 978-85-5362-406-5 (impresso)

1. Direito. 2. Inovação jurídica. 3. Legal Operations. 4. Legal Ops. 5. Planejamento jurídico. 6. Departamento jurídico. 7. Riscos processuais. I. Título.

	CDD 340
2025-470	CDU 34

Índices para catálogo sistemático:
1. Direito　　340
2. Direito　　34

Agradecimentos

Antes de mais nada, agradeço a Deus, cuja presença constante me guia e fortalece em todos os momentos da vida. Sem Ele, nenhum passo desta jornada seria possível.

Aos meus pais, **Mariazinha e Luis Manuel**, minha eterna gratidão por tudo o que sou. Obrigado pelo amor incondicional, pelos ensinamentos e por sempre acreditarem em mim. Vocês são a base sólida que me permitiu construir este sonho.

À minha esposa, **Daniela**, minha parceira de vida, por todo o amor, paciência e apoio inabalável. Você esteve ao meu lado em cada desafio, comemorando cada conquista e oferecendo a motivação necessária para seguir adiante.

Aos queridos **Paulo Samico, Guilherme Tocci e Bruno Feigelson**, que são não apenas pilares na consolidação do *Legal Ops* no Brasil, mas também exemplos de generosidade e profissionalismo. Sua acessibilidade, incentivo e apoio constante foram fundamentais, e este livro não seria possível sem a contribuição de vocês.

No âmbito profissional, expresso minha profunda gratidão a **Emanuelle Dias Weiler Soares**, cuja liderança e visão como Superintendente Jurídica na Infraero foram decisivas para o meu desenvolvimento teórico e prático em *Legal Ops*. Seu incentivo às iniciativas ligadas à área foi uma força motriz na minha trajetória.

Aos amigos e companheiros de trabalho **Aurélio Lemos Vidal de Negreiros e Fábio Luis de Araujo Rodrigues** agradeço pelos constantes incentivos à aplicação das melhores práticas de *Legal Ops* e pelo compartilhamento de experiências que enriqueceram minha caminhada.

Aos colegas que integraram minha gestão na **Gerência de Operações Legais da Infraero**, meu mais sincero obrigado. Em especial, **Thais Regina de Souza, Leonardo Paiva de Araújo, Ana Márcia Porto, Lucienne Guilherme Lyrio, Valdênio Macedo Abreu** e tantos outros que, com dedicação e comprometimento, ajudaram a construir uma mentalidade de gestão jurídica centrada nas pessoas, na organização, na eficiência e nos resultados.

Um agradecimento especial às colegas **Andrea Senna, Tagide Froes, Silvia dos Santos Corrêa, Nadia Rios** e aos colegas **Oslon Barros, Renato Trindade, Fabio Alvarez, Flavio Hechtman e Felipe da Cunha**, que, com parceria e dedicação, aceitaram o desafio de implementar a primeira rodada de OKRs na então Gerência Jurídica do Rio de Janeiro e Espírito Santo, estabelecendo um importante marco na nossa trajetória.

À equipe da *Future Law Studio*, em especial **Christiano Xavier, Tales Riomar, Matheus Martins e Daniel Flórido**, pela parceria, conhecimento e incentivo. Vocês foram fundamentais para estimular a busca constante por melhoria nas práticas de gestão jurídica.

Também agradeço à equipe da *Future Law*, em especial **Aline Valente, Camila Valente, Emmanuel Belote, Tayná Carneiro e Laís de Alcântara**, pelo apoio e confiança em me abrir espaço para compartilhar meu conhecimento e ensinar sobre *Legal Ops*, uma área que me fascina profundamente.

À direção do portal **Advogados Gestores**, em especial **Jamile Alcântara, Fabiano Marchiorato e Cristiane Caldas**, agradeço pela parceria, pela confiança e por me proporcionarem a oportunidade de divulgar meus artigos e compartilhar minha visão sobre *Legal Ops*.

Aos amigos e amigas com os quais a caminhada em *Legal Ops* me presenteou, como os queridos **Marcelo Cardoso, Bruno Gélio, Paulo Silva, Ana Couto, Danielle Jaques, Matheus Santil** e tantos outros que, de diferentes formas, sempre me incentivaram e apoiaram na busca por conhecimento e melhores práticas na área, meu mais profundo agradecimento.

Por fim, a todos os que, direta ou indiretamente, contribuíram para este projeto: saibam que cada palavra escrita neste livro carrega um pouco de vocês. Meu coração transborda gratidão por ter tido a honra de compartilhar esta jornada com tantas pessoas extraordinárias.

Muito obrigado a todos.

Carta de apresentação selo *Future Law*

Leitoras e Leitores,

É com imensa alegria que escrevemos esta carta de apresentação do selo *Future Law*. A *Future Law* é uma *EdTech*, e nosso PTM (Propósito Transformador Massivo) consiste em preparar os profissionais e as organizações jurídicas para a realidade exponencial. Quatro grandes pilares nos movem: Inovação, Pessoas, Tecnologia e Gestão. E somos uma equipe apaixonada e comprometida a reinventar o Direito diariamente.

Somos constituídos por uma comunidade de entusiastas pela advocacia do futuro, formada pelos nossos *Hitmakers*, *Future Lawyers* e *Future Lovers*, e, de maneira coletiva, conseguimos aprender e compartilhar conhecimento e conexões para transformar a sociedade como um todo. Temos diversas metodologias de aprendizado e buscamos difundir os conteúdos sempre de forma prática, seja por meio dos nossos cursos, *podcasts*, *e-books*, livros, eventos e outros projetos específicos.

Queremos que você desfrute da obra que está em suas mãos. Importante ressaltar que o selo *Future Law* é a consolidação de uma grande parceria com a Editora Saraiva. Buscamos sempre encantar nossos leitores e, para tanto, escolhemos grandes autoras e autores que tenham vivido de maneira prática os temas mais inovadores, com uma clara missão: rechear nossas publicações através de trabalhos práticos, teóricos e acadêmicos.

Do fundo de nossos corações, desejamos que as pessoas profissionais do direito e outros profissionais atuantes do mercado jurídico sejam contemplados pelo nosso projeto editorial.

Junto da profusão e complexidade de temas abarcados pelo Direito, a *Future Law* se propõe a compreender como as novas tecnologias impactam o dia a dia do universo jurídico. Temas como Inteligência Artificial, *Legal Operations*, *Cripto*, Ciência de Dados, Justiça Digital, Internet das Coisas, Gestão Ágil, Proteção de Dados, *Legal Design*, *Visual Law*, *Customer Experience*, *Fintechs*, *Sandbox*, *Open Banking* e *Life Sciences* estão difundidos ao longo de todas as nossas publicações.

Somos jovens, mas intensos. Já são mais de 20 obras publicadas, paralelamente à publicação trimestral da *Revista de Direitos e Novas Tecnologias* (*RDTec*), coordenada pela *Future Law*, que já soma mais de 20 edições.

Por meio deste projeto, alcançamos uma fração do nosso intuito, produzindo conteúdo relevante e especializado para profissionais e estudantes obstinados que compartilham do nosso propósito e que compreendem que o futuro do

Direito será daqueles que, hoje, conseguirem absorver esse conhecimento e aplicá-lo em prol da inovação e de um Direito mais acessível, intuitivo, diverso, criativo e humano.

Vamos viver essa experiência... Passe para as próximas páginas e aproveite a leitura!

Aline Valente | coCEO | *Future Law*   Tayná Carneiro | coCEO | *Future Law*

Bruno Feigelson | *Chairman* | *Future Law*

Saiba mais sobre nossos projetos em:

Prefácio

LEGAL OPERATIONS E TRANSFORMAÇÃO JURÍDICA
Você também pode ser o autor desta história

Guilherme Tocci[1]
Paulo Samico[2]

Quando recebemos o convite do Potrick, nossa primeira reação foi sentir o impacto da responsabilidade. Redigir o "texto-convite" de uma publicação dessa magnitude exige humildade para admitir que ainda estamos em um estágio embrionário do tanto que podemos evoluir enquanto ecossistema; criatividade para continuar buscando novas formas de fomentar promotores e defensores onde seja possível uma gestão jurídica mais acolhedora, estratégica e orientada por dados; e, sobretudo, coragem para encarar a série de adversidades enfrentadas por quem provoca a transformação da nossa profissão.

O cenário de *Legal Operations*, nos últimos anos até a presente data, foi permeado por iniciativas de que nós, de alguma forma, participamos. Comunidades, livros, artigos, eventos, dinâmicas, cursos, *webinars, e-books...* Os últimos anos foram bastante intensos (e, por que não dizer, memoráveis) e muito movimentados para quem está imerso nessa nova modalidade de gestão. O surgimento do *Legal Operations* no Brasil inicia a consolidação da relação do Jurídico com as

---

[1] Ávido por inovação na prática do Direito, com uma carreira não tradicional no ecossistema jurídico. É Sócio-Diretor de *Legal Ops* e Transformação Jurídica na KPMG Brasil e *Regional Leader* do CLOC Brasil (Corporate Legal Operations Consortium). Atuou em jurídicos internos, *legaltech* e escritório de advocacia. Idealizador e coordenador de livros sobre *Legal Ops*, Criatividade e Inovação pela Saraiva Jur. E-mail de contato: tocci.salcedo@gmail.com.

[2] Advogado. Gerente jurídico com passagens por empresas de grande porte, reconhecido pela Legal 500 como In-house Rising Star 2024. Bacharel em Direito pela Universidade Federal do Rio de Janeiro (UFRJ), pós-graduado em Processo Civil e em Direito Regulatório pela Universidade do Estado do Rio de Janeiro (Uerj). Idealizador e coordenador dos *livros Departamento jurídico 4.0 e Legal Operations; Legal Operations:* como começar; *Transformação jurídica:* criatividade é comportamento... Inovação é processo; e *Jurídico 5.0 & operações exponenciais,* todos pela Saraiva Jur. Coordenador da coluna "Legal & Business" no *JOTA.* Professor, palestrante, LinkedIn Top Voice. Presidente e fundador da ACC Brasil, o capítulo da Association of Corporate Counsel no país.

outras áreas da organização: um Jurídico inovador, inclusivo, diverso, humano e altamente integrado ao negócio.

Quando nos vemos convocados a desapegar das coisas como elas são e a nos jogar em algo novo, dá aquele frio na barriga, não é mesmo? Ao lidar com essa nova forma de gestão (voltada para pessoas e processos), novas tecnologias (de automação até Inteligência Artificial), novo jeito de perceber e interagir com dados e indicadores... entendemos que a transformação passa pelo enfrentamento da nossa sombra interna, do medo, da dúvida, da incerteza.

Sim, a incerteza. Onde se apresenta a incerteza do desconhecido... preparo e vontade de mudar. Tanto falamos sobre metamorfose do nosso mercado – aqui entenda como uma grande mudança que envolve várias transformações –, e, quando temos a oportunidade de pôr todo o discurso em prática, não podemos alimentar o medo e a incerteza de dar um passo para a frente. Pisemos no desconhecido com coragem!

Ao questionarmos o Potrick sobre o que o motivou a redigir esta obra, sua resposta foi imediata: propósito. Para ele, o que faria sentido era agir em prol das pessoas para ajudá-las a resolver seus problemas e a performar melhor em suas funções. Daí nasceu a ideia de registrar em um guia todas as suas percepções, *insights*, experiências práticas, bem como compartilhar o conhecimento em palestras e estudos ao longo dos anos em *Legal Ops*.

Você, leitor, tem nas mãos um verdadeiro compilado de conteúdos dispersos em vários canais, reunidos por uma pessoa que teve coragem e poder de execução para concentrar em um único lugar valiosos ensinamentos para sua capacitação e o desenvolvimento coletivo. Um profissional que nunca se contentou com a estabilidade e a zona de conforto; afinal, fazer diferente e buscar a inovação por meio do aprimoramento contínuo estava cunhado em seus valores.

Potrick defende que as operações jurídicas nascem da prática. E ele não poderia estar mais certo. Por tradição, nosso mercado conta com muitos teóricos, filósofos e acadêmicos. Não é um problema dominar teorias e ter riqueza acadêmica, longe disso. Nesse assunto em particular, o problema reside apenas na situação em que você não tem experiência prática e, mesmo sabendo disso, decide construir sua autoridade de maneira forçada. É justamente aqui que lembramos a você, pessoa que está segurando este livro nas mãos... nas próximas páginas, você encontrará muito mais do que referências bibliográficas; encontrará uma dissertação empírica, com base na experimentação vivenciada pelo autor.

Ainda sobre a dualidade entre teoria e prática, citamos o inventor americano Charles F. Kettering:

> A psicologia moderna ensina que a experiência não é apenas o melhor professor, mas o único professor possível. Não há guerra entre teoria e prática. A experiência mais valiosa exige ambas, e a teoria deve complementar a prática e não precedê-la.

Os operadores do Direito já saem na frente, pois passam cinco anos acumulando teoria para colocá-la em prática em times jurídicos internos, escritórios, consultorias, *legaltechs* e outros provedores de serviços de maneira geral.

Todavia, *Legal Operations* não é uma forma de facilitar o trabalho do Jurídico somente conduzido pelas pessoas formadas em Direito. Esse jeito novo de entregar gestão vai além e conta com as habilidades e competências de físicos, engenheiros, contadores, administradores, *designers*, cientistas de dados, matemáticos, comunicadores, desenvolvedores, agilistas, técnicos de tecnologia da informação e vários outros profissionais engajados em entregar um resultado de impacto. A lista é extensa (que bom!), provando que a força da diversidade multiplica resultados e amplia horizontes.

Por falar em horizonte, a jornada rumo à experiência prática é curiosa, perpassa necessariamente pelo ato de errar – e o que você vai fazer depois disso – e, como comentamos acima, chega à decisão de dar um passo rumo ao desconhecido. Em quatro partes, Potrick pretende iluminar o seu caminho, com divisões pensadas de forma estratégica, para facilitar a experiência do leitor rumo à vivência prática em *Legal Ops*.

A primeira parte do livro percorre os fundamentos. Nela você encontrará princípios, valores, os conceitos elementares, bem como conteúdo sobre implementação que vai desde o mapeamento até maneiras de medir os resultados rumo à melhoria contínua. Já na segunda parte, o foco está nas pessoas. *Insights* sobre recrutamento, gestão, comunicação e, entre outras boas ideias voltadas ao capital humano, sobre como realizar a retenção e construir uma equipe de alto desempenho e *performance*.

Imaginamos que você esteja ansioso para começar a leitura, mas na parte 3 a inteligência sobre os processos, modelos de entrega de serviço, riscos processuais e meios de realizar um adequado planejamento estratégico são o destaque. Por fim, aquilo que está em constante mudança, a tecnologia. Nesse eixo, considerando a evolução incessante, você vai saber como avaliar e selecionar as melhores ferramentas, como aplicar e lidar com a Inteligência Artificial e, com o apoio da gestão da mudança, preparar a cabeça das pessoas para encarar a transformação da sociedade como uma rotina.

Para ser criativo é necessário ter o repertório de um experiente profissional e a inibição de um jovem talento. E como você pode unir o melhor desses dois mundos? Permitindo-se. Já parou para pensar em quantas vezes você não se permitiu externalizar seus questionamentos, dúvidas e reflexões justamente porque teve medo de julgamentos?

E se você combinasse a desinibição do seu eu jovem com a experiência que tem hoje para destravar o seu potencial criativo? Seria possível cultivar um espaço seguro para exercer essa criatividade, aproveitando os mecanismos jurídicos e as ferramentas que você já tem?

Neste livro, Potrick faz esse convite. Por meio de *insights*, das reflexões e do conteúdo que ele apresenta, você está convidado a ocupar esse espaço seguro para destravar a sua criatividade, exercitar a coragem, munir-se do repertório e contar com uma desinibição sem precedentes para fazer a diferença e também ser autor desta história. Agora é com você!

Boa leitura!

Sumário

Agradecimentos V

Carta de apresentação selo Future Law VII

Prefácio IX

INTRODUÇÃO

1. Visão geral do livro e estrutura 1
2. Reflexões sobre a evolução do *Legal Ops* e sua importância crescente nas organizações modernas 4
3. História e desenvolvimento do *Legal Ops* 6
   3.1. Competências da mandala do CLOC 10

PARTE I
FUNDAMENTOS DO *LEGAL OPS*

Capítulo 1
ENTENDENDO O *LEGAL OPS*

1. Definindo valores, princípios e o conceito de *Legal Ops* 17
   1.1. Origem do Movimento Ágil 17
      1.1.1. Estruturação e definições conceituais 18
      1.1.2. Os quatro valores principais do Manifesto Ágil 18
      1.1.3. Os 12 princípios do Manifesto Ágil 18
2. Papel fundamental no ambiente corporativo 21

Capítulo 2
O PAPEL DAS PESSOAS EM *LEGAL OPS*

1. A importância do capital humano e da multidisciplinaridade 27
2. Cultura e liderança no departamento jurídico 31

Capítulo 3
OS PROCESSOS COMO A ENGRENAGEM QUE IMPULSIONA O *LEGAL OPS*

1. Mapeamento e otimização de processos 39
2. Estratégias de implementação e melhoria contínua 47

Capítulo 4
A TECNOLOGIA COMO FERRAMENTA HABILITADORA EM *LEGAL OPS*
1. A evolução e o atual panorama das soluções tecnológicas........... 51
2. Implementação e gestão de soluções tecnológicas na área jurídica 54

PARTE II
PESSOAS EM *LEGAL OPS*

Capítulo 5
TREINAMENTO, DESENVOLVIMENTO E GESTÃO DE TALENTOS
1. Recrutamento, treinamento e retenção................................ 61
2. Construindo equipes de alto desempenho............................ 66

Capítulo 6
COLABORAÇÃO E CULTURA ORGANIZACIONAL
1. Fomentando uma cultura ética, de inovação e de colaboração 75

Capítulo 7
PARCERIAS ESTRATÉGICAS E GESTÃO DE FORNECEDORES
1. Seleção e gerenciamento de parceiros externos...................... 87
2. Avaliação de desempenho dos parceiros externos................... 90

PARTE III
PROCESSOS EM *LEGAL OPS*

Capítulo 8
ESTRATÉGIAS E PLANEJAMENTO JURÍDICO
1. Alinhamento estratégico e planejamento de negócios 97
2. Definição de metas e medição de desempenho...................... 105

Capítulo 9
MODELOS DE ENTREGA DE SERVIÇO E GESTÃO DE PROJETOS
1. Explorando diferentes modelos de entrega 111
2. Aplicando princípios de gestão de projetos no ambiente jurídico .. 117

Capítulo 10
GESTÃO DE RISCOS E SEUS ASPECTOS PROCESSUAIS
1. Gestão de riscos e resposta a incidentes 125
2. Riscos processuais 130

PARTE IV
TECNOLOGIA EM *LEGAL OPS*

Capítulo 11
SOLUÇÕES TECNOLÓGICAS NA PRÁTICA

1. Avaliação e seleção de ferramentas 143
2. Desafios da implementação e gestão da mudança 147

Capítulo 12
INTELIGÊNCIA ARTIFICIAL EM *LEGAL OPS*

1. A aplicação da Inteligência Artificial em *Legal Ops* 149
2. O futuro da IA em *Legal Ops* 152

CONCLUSÃO

1. Recapitulação das principais lições 155
2. Olhando para o futuro do *Legal Ops* 164

Posfácio 167

Apêndice 169

    1. Estudo de caso: Infraero 169

    2. Glossário de Termos de *Legal Ops* 171

Referências 181

Introdução

1. VISÃO GERAL DO LIVRO E ESTRUTURA

Na atualidade, observamos adoção e reconhecimento crescentes da área de *Legal Operations* (*Legal Ops*) nas organizações, uma evolução marcada pela necessidade de maior eficiência e alinhamento estratégico dos serviços jurídicos com os objetivos de negócios. No entanto, essa expansão rápida trouxe consigo certas lacunas, especialmente no que se refere à fundamentação teórica e à clareza conceitual. Há a preocupação palpável entre os profissionais e acadêmicos de que a falta de uma teorização sólida para *Legal Ops* possa levar à banalização e à confusão sobre os limites de aplicação e a natureza das atividades associadas a essa área.

Esse problema não é trivial. A ausência de uma estrutura conceitual clara impede que *Legal Ops* atinja seu potencial pleno, resultando em uma variedade de interpretações e implementações que, embora possam ter intenções positivas, acabam diluindo a eficácia e a coesão do campo. Além disso, sem uma base teórica, torna-se desafiador estabelecer padrões de educação e prática para os profissionais da área, desde os iniciantes até os mais experientes.

Diante dessa realidade, decidi escrever este livro, com a proposta de desenvolver uma nova abordagem teórica para o *Legal Ops*, que visa estruturar as informações sobre a área e facilitar sua compreensão. A inspiração para essa nova teoria vem dos conhecimentos já produzidos pelo *Corporate Legal Operations Consortium* (CLOC) e sua mandala, que destaca 12 atividades essenciais de *Legal Ops*. No entanto, reconhecendo as limitações atuais, o objetivo é ir além, reorganizando essas atividades sob a ótica dos três pilares fundamentais da gestão estratégica: pessoas, processos e tecnologia.

Essa nova divisão não é apenas uma reclassificação, mas uma tentativa de teorizar o *Legal Ops* de maneira que cada pilar seja entendido como uma esfera com seus próprios princípios, dinâmicas e métricas de sucesso. O objetivo é criar um conjunto de conceitos e teorias que não apenas reflitam a complexidade e a diversidade da prática de *Legal Ops*, mas também sejam simples e aplicáveis na prática. Esse equilíbrio entre profundidade teórica e aplicabilidade é crucial para que o campo de *Legal Ops* possa se desenvolver de maneira saudável e sustentável.

Portanto, este livro busca ser um ponto de partida para uma discussão mais aprofundada e sistematizada sobre *Legal Ops*, destinada a profissionais de todos os níveis de experiência. Com ele, espero contribuir para a solidificação do *Legal Ops* como uma área de estudo e prática distinta, equipada com um conjunto de teorias que guiam a implementação eficaz de seus conceitos, desde a sala de aula até as salas de reuniões das grandes corporações.

A primeira parte do livro aborda os fundamentos da área, introduzindo um novo significado para o termo *Legal Operations* (*Legal Ops*), focado na multidisciplinaridade projetada para otimizar os serviços jurídicos dentro das corporações. Esse eixo demonstra que uma gestão focada em treinamento e valorização de pessoas, processos e tecnologias está alinhada com a divisão das 12 atividades, feita pelo CLOC.

O capítulo 1 discute propostas de **valores fundamentais e os princípios** próprios que orientam as operações legais, sugerindo uma nova definição para *Legal Ops*. Também analisa o papel crucial que a área desempenha no ambiente corporativo, contribuindo para a eficiência, a inovação e a estratégia empresarial.

O capítulo 2 explora a **importância do capital humano** nas operações legais. O foco está na construção de uma cultura forte e na liderança dentro do departamento jurídico, destacando-se que as pessoas são essenciais para o sucesso das iniciativas de *Legal Ops*.

O capítulo 3 aborda o **mapeamento e a otimização de processos** dentro de *Legal Ops*, essenciais para a eficiência e a eficácia das operações jurídicas. Estratégias são propostas para a implementação e a melhoria contínua dos processos, a fim de promover a agilidade e a qualidade dos serviços jurídicos.

O capítulo 4 encerra a primeira parte do livro, demonstrando o uso da **tecnologia como ferramenta habilitadora para o profissional de *Legal Ops***. O papel das tecnologias atuais no suporte e na capacitação do profissional dessa área é explorado, o que inclui a avaliação, a seleção e a implementação de soluções tecnológicas, além de uma análise sobre como a tecnologia pode transformar as práticas jurídicas.

Depois de tratarmos dos princípios, valores e definições próprios do *Legal Ops*, introduzindo a ideia de que a gestão e o exercício das atividades da área devem ser pautados em **pessoas, processos e tecnologias**, nas partes seguintes do livro cada um desses três pilares é aprofundado, assim como sua influência no desenvolvimento e na capacitação das atividades de *Legal Ops*.

A segunda parte enfatiza a importância da valorização e da proeminência de uma gestão focada em pessoas para o desenvolvimento do *Legal Ops*.

O capítulo 5 explica por que o **aprimoramento e a gestão adequada de talentos** são fundamentais para o desenvolvimento das atividades de *Legal Ops*, demonstrando que as ações de recrutamento, treinamento e retenção de

Introdução

talentos podem impactar positivamente todo o departamento jurídico. Nesse capítulo são apresentadas estratégias para construir equipes de alto desempenho e promover o aperfeiçoamento profissional contínuo.

O capítulo 6 enfatiza **a colaboração e o engajamento na cultura organizacional** como fatores de fomento para a geração de um ambiente de inovação e colaboração dentro do departamento jurídico e entre diferentes departamentos. Também discute a importância da gestão de mudanças e da comunicação eficaz.

O capítulo 7 encerra a segunda parte, tratando sobre como desenvolver **parcerias estratégicas e gerir fornecedores**. Aqui, a ênfase recai sobre a seleção e o gerenciamento de parceiros externos, incluindo escritórios de advocacia e fornecedores de serviços jurídicos. São exploradas as melhores práticas para a avaliação de desempenho e o desenvolvimento de relacionamentos produtivos.

Seguindo a lógica dos pilares da gestão jurídica estratégica, após o aprofundamento sobre a gestão de pessoas, na terceira parte o foco está nos **processos, como as ferramentas gerenciais e operacionais essenciais para o desenvolvimento das atividades de *Legal Ops***. Nessa parte do livro a atenção está voltada para o fomento de estratégias e a criação de planejamentos jurídicos, a gestão de projetos, o conhecimento e o entendimento das modalidades de entrega de serviços jurídicos, para, ao final, tratar da importância de estabelecer uma estrutura adequada de governança, conformidade e gestão de riscos na área jurídica.

O capítulo 8 começa a tratar de processos em *Legal Ops*, abordando **a criação de estratégias e planejamentos jurídicos**. Esse capítulo ressalta a importância do alinhamento estratégico e do planejamento de negócios dentro dessa área, abordando a relevância da definição de metas e da medição de desempenho e mostrando como esses elementos contribuem para o sucesso geral da organização.

No capítulo 9, **a entrega de serviços e a gestão de projetos no âmbito jurídico** são exploradas, em diferentes definições de modelos de entrega. Também são apresentados meios de aplicação dos princípios de gestão de projetos no ambiente jurídico, de modo a melhorar a eficiência e os resultados das atividades ligadas ao direito.

O capítulo 10 conclui a terceira parte do livro, com ênfase na **gestão de riscos e nos riscos processuais**. Esse capítulo desenvolve conceitos críticos para uma gestão eficiente desses elementos, explorando estratégias detalhadas para identificar, avaliar e responder a incidentes e potenciais fatores de risco. Aborda também a importância de alinhar as operações legais com as leis e regulamentos aplicáveis, reforçando a necessidade de criar controles internos robustos e replicáveis para os riscos identificados. Além disso, o capítulo discute os conceitos de passivo, passivo contingente, ativo e ativo contingente, para melhor identificar e classificar os riscos processuais.

A quarta parte do livro explora o último pilar da gestão estratégica, **a tecnologia**, não como um fim em si mesma, mas como eficiente ferramenta para o desenvolvimento dos **processos** e atividades e como instrumento de potencialização e aperfeiçoamento **das capacidades humanas**.

O capítulo 11, **implementando soluções tecnológicas**, detalha meios de realizar um processo de avaliação e seleção de ferramentas tecnológicas, além de abordar os desafios da implementação e gestão da mudança dessas ferramentas no contexto de *Legal Ops*.

Por fim, o capítulo 12 explora exclusivamente o **papel transformador da Inteligência Artificial (IA)** na área de *Legal Ops*, destacando suas aplicações futuras e seu impacto potencial na eficiência das operações legais. Esse capítulo se aprofunda na maneira como a IA pode ser aplicada para automatizar tarefas repetitivas, prever resultados de casos e otimizar a gestão de riscos e a conformidade. Além disso, discute as implicações futuras da IA para a inovação em práticas legais, desde a criação de documentos até análises preditivas complexas, moldando assim o futuro do *Legal Ops* com novas tecnologias e abordagens.

O último capítulo do livro reúne as **conclusões**, apresentando um resumo dos principais conceitos, definições e teorias abordados e propondo uma reflexão sobre a evolução e o futuro da área. Nesse capítulo se destacam os próximos passos a serem dados pelos profissionais, assim como pelos departamentos jurídicos e escritórios de advocacia na busca do constante aprimoramento das práticas de *Legal Ops*.

O livro conta, também, com apêndices: o primeiro é um estudo de caso sobre a experiência da Superintendência Jurídica da Infraero, e o segundo consiste em um glossário de termos e conceitos utilizados na área de *Legal Ops*.

2. REFLEXÕES SOBRE A EVOLUÇÃO DO *LEGAL OPS* E SUA IMPORTÂNCIA CRESCENTE NAS ORGANIZAÇÕES MODERNAS

A área de *Legal Operations*, ou *Legal Ops* – no Brasil chamada de Operações Legais ou Operações Jurídicas –, representa uma das evoluções mais significativas no panorama jurídico das últimas décadas. Esse campo, distinto da controladoria jurídica, surgiu da necessidade prática de otimizar a eficiência, reduzir custos e melhorar a prestação de serviços jurídicos dentro das organizações. Enquanto a controladoria jurídica prioriza o controle orçamentário, a fiscalização de processos e a mensuração de resultados em serviços ligados ao direito, o *Legal Ops* abrange uma gama mais ampla de responsabilidades operacionais, estratégicas e tecnológicas.

Introdução

A distinção entre o *Legal Ops* e a controladoria jurídica é um exemplo da especialização e da segmentação crescentes no campo do direito. Enquanto a controladoria jurídica continua a desempenhar um papel vital na gestão financeira e no controle de processos, o *Legal Ops* aborda um conjunto mais amplo de desafios operacionais. Isso inclui a integração de tecnologias inovadoras, a gestão de mudanças organizacionais e a estratégia de negócios jurídicos, indo além da simples mensuração de resultados para influenciar a maneira como esses serviços são concebidos e entregues.

A evolução do *Legal Ops* como área reflete uma transformação mais ampla na prestação de serviços jurídicos. Tradicionalmente, as profissões ligadas ao direito são caracterizadas pelo individualismo e pela personalização do serviço. O advento do *Legal Ops* simboliza a transição para uma abordagem mais colaborativa, processual e orientada por dados – a chamada cultura *data driven*. Esse desenvolvimento espelha tendências mais amplas na economia global, na qual a eficiência, a transparência e a responsabilidade são cada vez mais valorizadas.

A busca por eficiência e agilidade nas entregas, sem perder de vista a ideia de contínua melhoria e evolução dos processos e procedimentos, atrelados à gestão jurídica, elevou a área de *Legal Ops* e suas práticas para uma posição de destaque nos departamentos jurídicos das corporações modernas. Para se ter uma ideia do crescimento da área, a edição de 2021 do *Legal Department Operations* (LDO) *Index*[1], realizado pela Thomson Reuters desde 2017, mostrou um aumento rápido no número de organizações que contam com uma equipe totalmente dedicada às operações legais. Oitenta por cento dos departamentos jurídicos que participaram da pesquisa responderam que contam com um time de *Legal Ops* exclusivo; foi um aumento de 36% em apenas quatro anos, considerando que a mesma pesquisa feita em 2017 havia apontado um percentual de 56%.

A importância prática assumida pelo *Legal Ops* atingiu um ponto de inflexão. A consolidação e o destaque dessa área como segmento jurídico distinto requerem, agora, estruturação e rigor científico e teórico. Isso não apenas legitima o campo como facilita a compreensão, o ensino e a aplicação dos conhecimentos voltados para essa área. A definição de princípios, conceitos e competências de atuação é crucial para delinear claramente o âmbito do *Legal Ops*, diferenciando-o de outras práticas jurídicas e estabelecendo padrões para a educação e a formação profissional nesse setor.

---

[1] THOMSON REUTERS. *Legal department operations index: sixth edition*, 2021. Relatório. Disponível em: https://legal.thomsonreuters.com/en/insights/reports/legal-department-operations-index-sixth-edition-2021/form?gatedContent=%252Fcontent%252Fwp-marketingwebsites%252Flegal%252Fgl%252Fen%252Finsights%252Freports%252Flegal-department-operations--index-sixth-edition-2021.

Em razão da crescente preocupação das corporações em buscar cada vez mais engajamento, padronização de atuação, agilidade, eficiência e resultados objetivos em todas as suas áreas, o aperfeiçoamento do gerenciamento das operações, atividades e estratégias jurídicas se tornou uma necessidade, passando a área de Operações Legais a ter vital importância dentro dos departamentos jurídicos.

Mas nem sempre foi assim...

3. HISTÓRIA E DESENVOLVIMENTO DO *LEGAL OPS*

A origem do *Legal Ops* é eminentemente prática. Nascido nas trincheiras das grandes corporações, emergiu como resposta aos desafios cada vez mais complexos enfrentados pelos departamentos jurídicos. Esses desafios incluíam a gestão de um volume crescente de trabalho, a necessidade de integração com outras áreas da empresa e a pressão constante para reduzir custos ao mesmo tempo que se aumenta a qualidade dos serviços jurídicos. Diferentemente de áreas mais tradicionais do direito, que se fundamentam em princípios e teorias jurídicas estabelecidos ao longo de séculos, o *Legal Ops* é uma resposta direta às demandas modernas do mercado.

Desde a década de 1990, os Estados Unidos e a Europa já mostravam uma mentalidade mais empresarial no ecossistema jurídico, pois nessas localidades não existia monopólio na regulação e prestação de serviços de natureza judicial, como ocorre no Brasil[2]. Na Inglaterra, por exemplo, escritórios de advocacia possuem ações listadas em Bolsa de Valores, e sua estruturação negocial pode ser idêntica à de empresas.

A ausência de monopólio, aliada a uma visão empresarial da prestação de serviços jurídicos, fez florescer um ambiente que acompanhou a evolução da globalização e da internet, com o fortalecimento de empresas especializadas no fornecimento de serviços jurídicos – as *lawtechs* –, que ganharam enorme espaço no ecossistema jurídico. Esse cenário estimulou os operadores jurídicos americanos e ingleses a desenvolver uma visão aberta da aplicação do direito, identificando as atividades jurídicas como tarefas técnicas que são, mas não desvinculadas do negócio principal da empresa.

A penetração de uma visão mais prática e focada em resultados que fizessem sentido para o negócio como um todo tem mais aceitação e aderência em

---

[2] No contexto mencionado, a ausência de monopólio na regulação e prestação de serviços de natureza judicial refere-se à existência de sistemas jurídicos em que diferentes entidades, públicas ou privadas, não necessariamente compostas por advogados, compartilham responsabilidades na resolução de conflitos. No Brasil, o Estado detém exclusividade na regulação e prestação de serviços judiciais, com raras exceções, como a arbitragem e mediação e somente advogados podem prestar serviços de natureza judicial.

Introdução

sociedades mais abertas e menos regulamentadas, nas quais a propagação de novas ideias e novos conceitos tem maior fluidez e encontra menos barreiras.

Esse fato é explicado pela Lei da Difusão de Inovação (ou curva da difusão da inovação), desenvolvida em 1962 pelo sociólogo Everett Rogers, segundo a qual uma nova ideia, tecnologia ou produto se espalha de maneiras diferentes por uma população ao longo do tempo, desde sua introdução até sua adoção em massa.

Quanto mais resistência encontra a adoção de novas tecnologias, novas ideias, mais essa camada da população – ou do mercado – vai se tornando retardatária na adoção das novas ideias. Na analogia da cebola, os retardatários seriam a última camada de casca a ser retirada; eles precisam que todas as camadas anteriores sejam removidas para finalmente aderir às novas ideias e novas práticas. Os retardatários são aqueles que, geralmente por questões de convicções, práticas ou ideologias próprias (barreiras internas) e/ou por regulações setoriais, monopólios e barreiras sociais/comerciais (barreiras externas), demoram mais a conhecer e a sentir os efeitos das novas ideias e novas práticas.

É esse o caso do Direito, ciência que durante anos foi isolacionista e avessa à multidisciplinaridade, na vã tentativa de tornar o operador jurídico o único capaz de interpretar normas e princípios desse campo da ciência. Foram criadas barreiras internas e externas – neste último caso inclusive com normas impeditivas/restritivas – tanto para impedir que profissionais de outras áreas conhecessem melhor a interpretação e a hermenêutica normativa e principiológica como para instigar a mentalidade de que ao operador jurídico bastava conhecer e saber interpretar normas e princípios do Direito para desempenhar com sucesso seu papel na sociedade.

O problema é que o Direito não é um fim em si mesmo. Assim como a Matemática, a Sociologia, a Psicologia e a Filosofia, o Direito é uma ciência criada pelo homem, voltada para o desenvolvimento e melhoria contínuos do convívio humano em sociedade. Trata-se de uma ferramenta que pertence ao coletivo, que busca sempre a harmonia, a segurança e a evolução, de modo que o indivíduo – fim maior – também possa evoluir para sua melhor versão. A sociedade serve ao indivíduo e não o contrário. Como sociedade, só existimos para fortalecer nossa capacidade individual de sobrevivência, pois juntos somos mais fortes.

Assim, cedo ou tarde, todo isolacionismo é reduzido – principalmente em uma sociedade cada vez mais hiperconectada e globalizada – e a última camada da cebola é retirada. Afinal, não existem camadas da cebola por si sós; existe a cebola, e as camadas fazem sentido apenas enquanto pertencentes a ela.

Com o Direito foi exatamente isso o que aconteceu: o avanço da tecnologia, da liberdade de criação e da difusão da informação permitiu o nascimento de diversos novos produtos e serviços que nem sequer eram imaginados no passado

– a marcha da disrupção ou inovação radical ganhou relevância diante da inovação incremental –, o que, por consequência lógica, gerou diversos novos comportamentos e fatos sociais que precisavam ser mais bem compreendidos.

Associe esses fatos à cultura americana e europeia – principalmente inglesa – de adoção de medidas alternativas para resolver conflitos, sem exigir a interveniência do Poder Judiciário. O que se percebeu foi a impregnação de pensamentos de gestão empresarial em diversas firmas de advocacia e mesmo em departamentos jurídicos de grandes empresas.

Uma das consequências dessa mentalidade de gestão no ecossistema jurídico foi o fato de ter se tornado mais eficiente, o que significava produzir melhor, de maneira mais estratégica e alinhada com os objetivos do cliente ou da empresa e consumindo menos recursos financeiros, o que motivou o combate das grandes firmas de advocacia às chamadas *non billable hours* – em outras palavras, as "horas não faturáveis" para os clientes.

Nesse contexto, as firmas americanas passaram a se aprofundar na ponderação sobre quantas horas de trabalho de suas equipes podiam ser investidas nos clientes, por estarem cobertas pelo escopo dos contratos de serviços jurídicos, e quantas não se encaixavam nesse requisito. Esse foi o embrião para, nos anos 1990, começarem a se estruturar, nas grandes empresas inglesas e americanas, setores focados na implementação de uma mentalidade preocupada com o alinhamento da área jurídica com os objetivos estratégicos da empresa. Esse alinhamento foi promovido por meio da melhoria da eficiência e dos custos do departamento jurídico, transcendendo o mero controle de gastos e procedimentos, clássicos de uma controladoria.

Essa cultura se enraizou ao longo dos anos 2000 e se firmou com o surgimento da Quarta Revolução Industrial (Indústria 4.0) a partir da década de 2010, na qual a automação e a integração de diferentes tecnologias – Inteligência Artificial, robótica, Internet das Coisas e computação em nuvem – permitiram uma melhora significativa nos processos produtivos e criativos. As novas tecnologias e a enorme digitalização das atividades industriais impulsionaram o surgimento de diversos serviços e negócios – e o ecossistema jurídico se viu obrigado a acompanhar essa evolução.

Nessa mesma linha evolutiva, empreendedores de outras áreas – principalmente ligados à Tecnologia da Informação – perceberam o grande espaço para o surgimento e a crescimento da prestação de serviços digitais que atendessem às novas necessidades dos departamentos jurídicos, ainda carentes de uma mentalidade mais focada na gestão estratégica e, ao mesmo tempo, cada vez mais pressionados para a prestação de serviços mais ágeis, dinâmicos e eficientes (no sentido de produzir mais com menos). A consequência foi a criação de *lawtechs* e *legaltechs,* que trouxe soluções digitais automatizáveis, customizáveis e a custos

Introdução

reduzidos para suprir as necessidades de gestão e melhoria de eficiência na prestação dos serviços jurídicos. Para muitos, foi o nascimento da Advocacia 4.0, marcada pela interação necessária, contínua e indissociável entre tecnologia, gestão e técnica jurídica.

A mudança de patamar no desenvolvimento e na gestão das atividades ligadas às operações e estratégias próprios de um departamento jurídico ofereceu terreno fértil para o florescimento do *Corporate Legal Operations Consortium* (CLOC), em 2016, nos Estados Unidos. Essa organização global, pioneira na promoção e no aperfeiçoamento das atividades ligadas à área de operações legais por via do fomento da profissionalização e da inovação, incentiva a adoção de práticas que otimizem, qualifiquem e objetivem os procedimentos e resultados na entrega de serviços jurídicos.

Segundo sua própria descrição, esse consórcio é

... uma comunidade global de especialistas focados em redefinir os negócios jurídicos. Ao ajudar os profissionais de operações legais a colaborar entre si e com outros participantes do setor, incluindo escritórios de advocacia, provedores de tecnologia e faculdades de direito, o CLOC trabalha para ajudar a definir os padrões e práticas do setor para a profissão[3].

Essa tendência foi espelhada na realidade do nosso país por via da replicação e adaptação das ideias do CLOC, criando-se a CLOB[4] (Comunidade *Legal Operations* do Brasil), em novembro de 2021. Em janeiro de 2024, a CLOB foi incorporada à estrutura oficial do CLOC, passando a se chamar CLOC Brasil.

O CLOC desenvolveu uma estrutura conceitual básica própria, em forma de mandala, que serve como parâmetro de identificação e atuação de atividades próprias de Operações Legais. Trata-se de uma tentativa de sistematizar na teoria o que já acontecia na prática dos departamentos jurídicos das corporações que contavam com uma área de operações legais estruturada.

A mandala é uma ferramenta, um *framework* conceitual utilizado para estruturar e otimizar as operações jurídicas nas organizações, simbolizando, nesse contexto, um modelo de gestão e operacionalização de atividades que enfatiza a integração e a eficiência, de forma descentralizada e não coordenada. No Brasil, a mandala foi adaptada para refletir as especificidades do mercado local, considerando a legislação, a cultura corporativa e os desafios enfrentados pelas equipes jurídicas nas organizações brasileiras.

---

[3] Disponível em: https://cloc.org/about-cloc/.
[4] Conferir: https://www.legaloperations.com.br/.

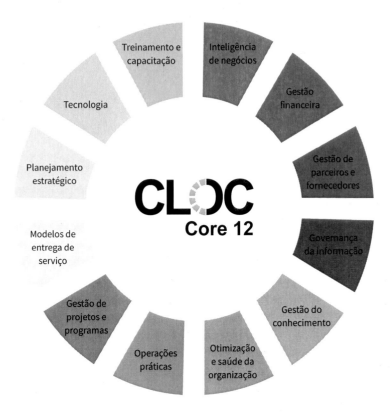

Figura 1: Mandala CLOC Core 12 (as 12 competências).
Fonte: CLOC Brasil. Disponível em: https://www.legaloperations.com.br/. Acesso em: 23 jan. 2025.

3.1. Competências da mandala do CLOC

A mandala do CLOC, também conhecida como "Core 12" do CLOC, é um conjunto de 12 competências essenciais que visam otimizar as operações legais dentro de uma organização.

Sem prejuízo da tradução da mandala, conforme se depreende da leitura dos textos da imagem, pode-se fazer uma adaptação dessas atividades para a realidade brasileira, definindo-as do seguinte modo:

1. **Pensamento e Gestão Estratégica (*Strategic Planning* & *Strategic Thinking*):** envolve a utilização das técnicas de pensamento estratégico (*Strategic Thinking*), de modo a obter o alinhamento das operações legais com a estratégia de negócios da empresa (*Strategic Planning*). Isso inclui o estabelecimento de metas, a identificação de

oportunidades e ameaças (análise SWOT), a análise de dados, a jurimetria e o desenho de cenários (análises descritiva, preditiva e prescritiva), além da formulação de estratégias aptas a permitir uma rápida adaptação às mudanças de circunstâncias do mercado.

2. **Modelos de Entrega de Serviços Jurídicos (*Service Delivery Models*):** refere-se à maneira como os serviços jurídicos são fornecidos/contratados dentro da organização. Isso pode incluir a utilização de equipes internas, externas (terceirização), Centros de Serviços Compartilhados (CSC) e a implementação de modelos de entrega alternativos.

3. **Gestão de Projetos/Programas/Metodologias Ágeis (*Project/Program Management/Agile Methodologies*):** nessa área o foco está em utilizar métodos de gerenciamento de projetos e/ou metodologias ágeis para assegurar que os projetos jurídicos sejam realizados com eficácia, eficiência e agilidade, respeitando os limites definidos de escopo, tempo e custos.

4. **Operações de Prática Jurídica (*Practice Operations*):** abrange o gerenciamento e a melhoria contínua das atividades rotineiras do departamento jurídico, sejam elas atividades de meio ou finalistas, incluindo a gestão de casos, a otimização de fluxos de processos e de trabalho e a melhoria das práticas internas.

5. **Otimização e Saúde Organizacional (*Organization Optimization & Health*):** concentra sua atenção na estrutura organizacional e na saúde do time do departamento jurídico, promovendo uma cultura positiva, de desenvolvimento profissional e de alto desempenho, por via da utilização das técnicas de gestão de pessoas e do treinamento contínuo da equipe. O foco está sempre no alinhamento com o PORQUÊ (propósito) organizacional e do departamento jurídico.

6. **Gestão do Conhecimento (*Knowledge Management*):** envolve a coleta, organização e disseminação do conhecimento jurídico entre todos os membros do time, de modo a facilitar o acesso à informação, promover a cultura de aprendizagem contínua (*lifelong learning*) e evitar a descontinuidade e/ou execução imprecisa de determinada atividade por vacância, temporária ou permanente, de função.

7. **Governança da Informação (*Information Governance*):** relaciona-se com o estabelecimento de políticas e práticas para gerenciar informações corporativas, garantindo a segurança, privacidade e conformidade com a Lei Geral de Proteção de Dados (LGPD), a Lei de Acesso à Informação e demais regulamentações.

8. **Gestão de Fornecedores e Escritórios de Advocacia (*Firm & Vendor Management*):** trata da forma e dos motivos de seleção e gestão de prestadores de serviços externos, incluindo escritórios de advocacia e

outros fornecedores de serviços jurídicos. Muito se alinha com a segunda competência, **Modelos de Entrega de Serviços Jurídicos**.

9. **Gestão Financeira** (*Financial Management*)**:** abrange o planejamento financeiro, a gestão orçamentária, a análise de custo-benefício das atividades legais e a supervisão dos provisionamentos judiciais, buscando otimizar o uso dos recursos financeiros e fornecer dados e informações financeiros, estratégicos para a corporação e para o mercado.

10. **Inteligência de Negócios Jurídicos (*Legal Business Intelligence*):** utiliza a coleta e a análise de dados para gerar informações e conhecimentos úteis à criação de inteligência e planos de ação. Subsidia, desse modo, as atividades de gestão de riscos jurídicos e os processos de tomada de decisões estratégicas, avaliações de desempenho e análise de cenários e tendências do mercado e jurisprudenciais (jurimetria). Tem forte correlação com a primeira competência, **Pensamento e Gestão Estratégica.**

11. **Treinamento e Desenvolvimento (*Training & Development*):** enfatiza a importância do desenvolvimento contínuo das habilidades e conhecimentos do time jurídico para manter a eficácia e a relevância em um ambiente em constante mudança, focando sempre a autorresponsabilidade pelo sucesso pessoal e da corporação. Essas atividades se engajam com os objetivos estratégicos do departamento jurídico e da corporação no alinhamento com os valores fundamentais da corporação e na meritocracia, como fator de reconhecimento e crescimento pessoal e profissional. Tem forte correlação com a quinta competência, **Otimização e Saúde Organizacional**.

12. **Tecnologia (*Technology*):** refere-se à aplicação de soluções tecnológicas para melhorar a prestação de serviços jurídicos, por via da otimização, integração e automatização dos fluxos de trabalho e sistemas.

Essas competências são interdependentes e, quando executadas em conjunto, proporcionam uma base sólida para o sucesso da área de *Legal Ops*. São projetadas para ajudar os departamentos jurídicos a aumentar a eficiência e a qualidade do serviço e a alinhar mais estreitamente suas atividades com as estratégias e objetivos gerais da empresa.

Centralizando e agrupando as competências definidas na mandala do CLOC, podemos estabelecer para *Legal Ops* seis grandes áreas de atuação:

1. **Gestão Estratégica:** planejamento e execução de estratégias jurídicas alinhadas aos objetivos de negócio.

2. **Gestão Financeira:** controle orçamentário, análise de custos e otimização de investimentos em recursos jurídicos.

Introdução

3. **Tecnologia e Inovação:** implementação de soluções tecnológicas para automação de processos, gestão de documentos e análise de dados.

4. **Gestão de Talentos:** desenvolvimento de equipes jurídicas, incluindo recrutamento, treinamento e gestão de desempenho.

5. **Gestão de Fornecedores:** seleção, contratação e avaliação de prestadores de serviços jurídicos externos.

6. **Gestão de Riscos e Conformidade:** implementação de políticas e procedimentos para mitigação de riscos e garantia de conformidade legal.

Essas seis grandes divisões proporcionam cinco ramos de ações nevrálgicos para a área de *Legal Ops*:

1. **Otimizar recursos:** o *Legal Ops* promove a eficiência na utilização de recursos, reduzindo custos e maximizando resultados.

2. **Melhorar a tomada de decisão:** por meio da análise de dados e da gestão estratégica, facilita decisões mais informadas e alinhadas aos objetivos de negócio.

3. **Incentivar a inovação:** estimula a adoção de novas tecnologias e de processos inovadores, contribuindo para a evolução contínua das práticas jurídicas.

4. **Fortalecer a conformidade:** auxilia na implementação de controles e processos para garantir a conformidade com legislações e regulamentações aplicáveis.

5. **Desenvolver talentos:** enfatiza o desenvolvimento de competências das equipes jurídicas, promovendo a excelência profissional.

A conciliação das seis grandes áreas de atuação com o consequente desenvolvimento dos cinco ramos de ação permite à área de *Legal Ops* trazer métodos e práticas de gestão empresarial para o contexto do direito, com o objetivo de maximizar a eficiência, reduzir custos e melhorar a prestação de serviços jurídicos dentro das organizações.

PARTE I
FUNDAMENTOS DO *LEGAL OPS*

Acesse
o material
suplementar

https://uqr.to/1z01y

Capítulo 1
ENTENDENDO O *LEGAL OPS*

1. DEFININDO VALORES, PRINCÍPIOS E O CONCEITO DE *LEGAL OPS*

A estruturação das atividades de *Legal Ops*, por via da mandala do CLOC e de sua ascensão prática, destaca-se como campo de atuação relevante na execução de atividades intrinsecamente ligadas aos objetivos estratégicos não só da área jurídica, mas de outras áreas clientes e da própria corporação. Esse processo faz surgir a necessidade de definir valores e princípios próprios que embasem essa estruturação e relevância prática, de modo a permitir uma clara delimitação científica da área.

A teorização e a delimitação científica não podem deixar de considerar **a atuação eminentemente funcional e multidisciplinar na área de *Legal Ops***, que envolve conhecimentos e práticas provenientes de setores como administração, tecnologia, contabilidade, gestão de projetos e comunicação, além do direito propriamente dito.

Por essas razões, de modo a conciliar o conhecimento teórico com as melhores práticas, a evolução do campo do *Legal Operations* (*Legal Ops*) exige uma abordagem estruturada para consolidar seus valores e princípios fundamentais, de modo que sejam norteadores para a atuação rotineira das atividades dessa área. Buscando inspiração no sucesso do Movimento Ágil e no seu Manifesto Ágil, pode-se adotar uma metodologia semelhante a fim de estabelecer uma base teórica sólida para o *Legal Ops*.

1.1. Origem do Movimento Ágil

O Movimento Ágil teve suas origens no início dos anos 2000, em resposta às limitações dos métodos tradicionais de desenvolvimento de *softwares*, conhecidos como modelos em cascata. Esses métodos eram muitas vezes rígidos, lineares e preditivos, não permitindo mudanças rápidas ou adaptação às necessidades do cliente durante o processo de desenvolvimento. Profissionais de desenvolvimento de *softwares* começaram a buscar abordagens mais flexíveis e iterativas para criar produtos.

Em fevereiro de 2001, dezessete profissionais se reuniram em Snowbird, Utah, nos Estados Unidos, para discutir essas novas metodologias. Eles compartilhavam a crença de que o foco deveria estar mais na colaboração com os clientes e na capacidade de responder a mudanças do que em seguir um plano rígido. Dessa reunião surgiu o **Manifesto Ágil**.

1.1.1. Estruturação e definições conceituais

O **Manifesto Ágil** é um breve documento que estabelece os valores e princípios fundamentais para guiar o desenvolvimento ágil de *softwares*. Apesar de sua origem na área de tecnologia, os princípios e valores do Ágil foram adotados por outras indústrias e disciplinas, dada sua aplicabilidade universal a projetos que se beneficiam de abordagens adaptativas.

1.1.2. Os quatro valores principais do Manifesto Ágil

1. **Indivíduos e interações acima de processos e ferramentas:** enfatiza a importância do elemento humano e da comunicação no desenvolvimento de projetos. A ideia é a de que as melhores soluções surgem da colaboração direta entre as equipes e seus clientes.

2. ***Softwares* em funcionamento acima da documentação abrangente:** prioriza o desenvolvimento de produtos funcionais sobre a criação de extensos documentos de especificações. Não descarta a documentação, mas coloca o foco na entrega de um *software* que funcione efetivamente.

3. **Colaboração com o cliente acima da negociação de contratos:** destaca a importância de trabalhar com clientes de maneira colaborativa em vez de fixar-se em termos contratuais rígidos, permitindo que ambos os lados se adaptem às mudanças de necessidades ao longo do projeto.

4. **Responder às mudanças acima de seguir um plano:** a flexibilidade para responder a mudanças é considerada mais importante do que seguir um plano preestabelecido. Um ambiente de projeto dinâmico exige adaptação constante às novas informações e circunstâncias.

1.1.3. Os 12 princípios do Manifesto Ágil

1. Nossa maior prioridade é satisfazer o cliente por meio da entrega contínua e precoce de *softwares* valiosos.

2. Aceitar mudanças nos requisitos, mesmo em fases tardias do desenvolvimento. Processos Ágeis se adaptam a mudanças para proporcionar vantagem competitiva ao cliente.

3. Entregar o *software* funcionando frequentemente, entre algumas semanas e alguns meses, com preferência à menor escala de tempo.

Capítulo 1 • Entendendo o *Legal Ops*

4. Pessoas de negócios e desenvolvedores devem trabalhar diariamente em conjunto durante todo o projeto.
5. Construir projetos em torno de indivíduos motivados. Dar a eles o ambiente e o suporte necessários, e confiar neles para fazer o trabalho.
6. O método mais eficiente e eficaz de transmitir informações para e dentro de uma equipe de desenvolvimento é por meio da conversa cara a cara.
7. Um *software* funcionando é a medida primária de progresso.
8. Processos Ágeis promovem o desenvolvimento sustentável. Os patrocinadores, desenvolvedores e usuários devem ser capazes de manter um ritmo constante indefinidamente.
9. Atenção contínua à excelência técnica e bom *design* aumentam a agilidade.
10. Simplicidade – a arte de maximizar a quantidade de trabalho não realizado – é essencial.
11. As melhores arquiteturas, requisitos e *designs* emergem de equipes auto-organizáveis.
12. Em intervalos regulares, a equipe reflete sobre como se tornar mais eficaz, então afina e ajusta seu comportamento de acordo.

Esses princípios e valores não apenas orientam o desenvolvimento de *softwares* como podem ser aplicados a outras áreas de trabalho para promover um ambiente mais dinâmico, adaptável e colaborativo. A adoção desses princípios tem transformado a maneira como as organizações operam, fazendo do Ágil uma filosofia influente além dos limites da engenharia de *software*.

Integrar os valores e princípios do Movimento Ágil na estruturação, operacionalização e teorização da área de *Legal Ops* promoverá um ambiente mais dinâmico, adaptável e orientado ao cliente – entendendo-se como cliente interno para os departamentos jurídicos, e como cliente externo para os escritórios de advocacia –, além de criar fronteiras claras para a área de atuação do profissional de *Legal Ops*. Isso não apenas melhora a eficiência e a eficácia das operações jurídicas como também as alinha mais estreitamente com os objetivos globais da empresa.

A essência do Movimento Ágil – **adaptabilidade, colaboração, eficiência e foco no cliente** – alinha-se bem com os desafios e objetivos enfrentados pelos profissionais de *Legal Ops*, possuindo ambos os movimentos pontos de contato conceituais que podem ajudar na estruturação dos valores e princípios dessa área.

Podemos, assim, definir, com base nas ideias de adaptabilidade, colaboração, eficiência e foco no cliente, quatro valores principais para a área de *Legal Ops*:

1. **Adaptabilidade às mudanças:** valorização da capacidade de adaptação rápida às mudanças. No ambiente jurídico, regulamentos, leis e

requisitos empresariais estão constantemente evoluindo. Adotar uma mentalidade que permita aos departamentos jurídicos se ajustarem e responder de maneira rápida e eficaz a essas mudanças.

2. **Colaboração e formação multidisciplinar:** colaboração entre equipes e abertura para a formação de times multidisciplinares, como um pilar para o desenvolvimento da área de *Legal Ops*. Esse valor se traduz na necessidade de compor equipes multidisciplinares e de trabalhar de maneira integrada com outras áreas da empresa, como finanças, RH e TI, a fim de alcançar objetivos específicos da área de *Legal Ops*, contribuindo para o alcance dos objetivos das áreas clientes.

3. **Foco no cliente:** enfatizar a importância de satisfazer o cliente por via da entrega contínua de valor. Em *Legal Ops*, "cliente" pode ser interpretado como o negócio interno ou os *stakeholders* externos. Manter o foco nas necessidades do cliente ajuda a assegurar que as soluções jurídicas estejam alinhadas com os objetivos empresariais.

4. **Melhoria contínua:** incentivo à revisão e melhoria contínuas dos processos e soluções tecnológicas. Na área de *Legal Ops*, isso pode significar a otimização de fluxos de processos e trabalhos – *workflows* —, a implementação de tecnologias que aumentem a eficiência ou a revisão de estratégias de gestão e avaliação de riscos.

Definidos os quatro valores principais da área de *Legal Ops*, relacionamos a seguir as maneiras como o Movimento Ágil pode influenciar a área de *Legal Ops*:

1. **Fomentar uma cultura de treinamento e trabalho**, desenvolver e manter fluxos de processos e tarefas e pautar a busca e a aplicação de soluções tecnológicas que **reflitam a AGILIDADE necessária no contexto jurídico**. Isso inclui a adaptação rápida às necessidades do negócio, a valorização da comunicação clara e a promoção de abordagens colaborativas para a resolução de problemas.

2. **Focar uma entrega mais rápida e eficaz de serviços jurídicos,** por via da importação e **ADAPTAÇÃO** de metodologias e ferramentas da área de gestão de projetos – como Matriz RACI, Matriz de Eisenhower, entre outras – e de metodologias ágeis – como Scrum, Kanban, entre outras – aos processos de *Legal Ops*. O objetivo é melhorar a gestão de projetos, a priorização de tarefas e a transparência nas operações.

3. **Encorajar uma cultura de *FEEDBACK*** colaborativo constante entre os indivíduos, as chefias, as equipes jurídicas e seus *stakeholders*, de modo a criar um ambiente de confiança e segurança, o que ajudará na identificação rápida de áreas para melhoria. Esse ambiente também permite a adoção ágil de soluções para os problemas encontrados. É a

conjugação da ideia de "o erro não deve ser evitado ou temido" com a ideia de "erre cedo para consertar cedo".

4. **Objetivar resultados práticos, sem desvalorizar as contribuições individuais,** priorizando o trabalho funcional e de entregas rápidas, de modo a obter **RESULTADOS tangíveis e mensuráveis**, em vez de atrelar-se a processos burocráticos ou a documentação excessiva. O foco deve estar na metrificação do progresso da tarefa, de modo a permitir não só entregas rápidas, mas o acompanhamento constante das atividades, por via do engajamento e treinamento constantes das capacidades de cada indivíduo. Essa abordagem demonstrará que **cada um é responsável e capaz de contribuir** para o atingimento do objetivo estratégico previamente definido.

5. **Promover uma CULTURA** na qual as equipes sejam capacitadas para tomar decisões, resolver problemas e inovar, sentindo-se confiantes e seguras de que suas opiniões e contribuições serão respeitadas e valorizadas. Isso aumenta a eficiência e a satisfação no trabalho, permitindo a cada indivíduo visualizar suas efetivas contribuições e resultados para a área jurídica e para a própria corporação. Essa cultura não só permite aos gestores fomentar **a consciência de autorresponsabilidade pelos resultados como cria uma sensação de pertencimento e empoderamento**, na medida em que o tempo entre o desenvolvimento das tarefas e seus resultados, tangíveis e individuais, é curto.

Assim, podemos definir cinco valores fundamentais para a área de *Legal Ops*: **AGILIDADE, ADAPTAÇÃO,** *FEEDBACK***, RESULTADOS e CULTURA**.

Definidos esses valores, podemos conceituar *Legal Ops*, de maneira prática, como um *campo jurídico multidisciplinar e não exclusivo para advogados, focado na constante otimização das pessoas, dos processos e das soluções tecnológicas, de modo a alinhar a prestação de serviços jurídicos aos objetivos estratégicos dos clientes, sejam estes internos ou externos.*

Desenvolver o conceito de *Legal Ops* segundo essa definição sempre permitirá incorporar e praticar princípios de gestão estratégica, adaptando-se constantemente às mudanças regulatórias, de mercado e internas, com o objetivo de aumentar a eficiência, reduzir custos e alinhar os serviços jurídicos com as metas de negócios.

2. PAPEL FUNDAMENTAL NO AMBIENTE CORPORATIVO

A área de *Legal Ops* é uma esfera em rápida evolução dentro das corporações modernas, caracterizada pela capacidade de agregar valor estratégico a diferentes segmentos da organização. Pela gestão estratégica focada em **pessoas,**

processos e tecnologias, o *Legal Ops* pode desempenhar um papel crucial no atingimento dos objetivos estratégicos das áreas clientes da corporação.

A base da transformação promovida pelo *Legal Ops* reside na valorização da multidisciplinaridade e no investimento constante no treinamento e na qualificação das pessoas. Essa abordagem amplia a perspectiva dos profissionais de *Legal Ops*, movendo-os além dos limites tradicionais do direito e introduzindo-os em uma variedade de disciplinas empresariais.

A formação de equipes multidisciplinares e o fomento à aprendizagem contínua tornam os profissionais de *Legal Ops* menos formais e mais aptos a estabelecer uma comunicação simples e assertiva com as áreas clientes. Isso é crucial para entender as necessidades específicas de cada departamento e fornecer soluções jurídicas que se alinhem diretamente aos objetivos estratégicos da empresa.

O *Legal Ops* também contribui significativamente para a criação e a otimização de fluxos de processos, os quais objetivam o delineamento de objetivos estratégicos. Implementando abordagens estratégicas, como metodologias ágeis e gestão de projetos, o *Legal Ops* pode desenvolver processos que não apenas atendem às suas necessidades internas, mas também apoiam os objetivos estratégicos compartilhados com outras áreas. Isso promove maior iteração e cooperação entre os departamentos, facilitando a consecução de objetivos comuns.

Ao harmonizar os processos entre os departamentos, o *Legal Ops* fomenta um ambiente de trabalho mais integrado e eficiente, permitindo adaptabilidade e *feedback* interno mais robustos.

Uma das funções primordiais do *Legal Ops* é a capacidade de gerar, coletar e analisar dados. Essa capacidade não se limita ao contexto jurídico, mas se estende à criação de *insights* valiosos, os quais podem informar a tomada de decisão em toda a organização. Ao converter dados em informações e inteligência acionáveis, a área de *Legal Ops* capacita os demais setores da empresa a fazer escolhas estratégicas informadas, antecipar riscos potenciais e otimizar seus próprios processos e estratégias.

A inovação tecnológica é outro pilar central de *Legal Ops*. Ao buscar e criar ferramentas tecnológicas que permitam maior rapidez e qualidade nas informações geradas, o *Legal Ops* não apenas aumenta sua própria eficiência como oferece recursos valiosos para outras áreas da corporação.

A implementação de sistemas de gerenciamento de contratos, plataformas de automação de documentos e soluções de análise de dados pode beneficiar múltiplos departamentos, melhorando a acessibilidade às informações e a colaboração entre as equipes. Além disso, as tecnologias adotadas ou desenvolvidas pelo *Legal Ops* podem ser adaptadas e aplicadas a outras áreas, fomentando a inovação e a eficiência em toda a organização.

Legal Ops tem o potencial de ser uma força transformadora dentro das corporações, não apenas otimizando as operações jurídicas, mas também apoiando os objetivos estratégicos de toda a organização.

Ao focar a multidisciplinaridade, o desenvolvimento de pessoas, a otimização de processos, a análise de dados e a inovação tecnológica, *Legal Ops* pode aumentar significativamente a cooperação, o *feedback*, a adaptabilidade e a tomada de decisões informadas em toda a empresa.

Demonstrada a evidente importância e a contribuição que *Legal Ops* pode fornecer para toda a corporação, pode-se concluir que, por essência, trata-se de uma área de gestão estratégica do departamento jurídico, e, como toda área de gestão eficaz, conforme visto anteriormente, deve ser estruturada em torno de três pilares fundamentais: **pessoas, processos e tecnologias**. Esses pilares são interconectados, e cada um desempenha um papel vital na otimização das operações jurídicas.

Pode-se, então, reformular as definições e o alinhamento das 12 competências essenciais da mandala CLOC, já expostas na Introdução, da seguinte forma:

1. PESSOAS

Esse pilar abrange todas as competências relacionadas ao capital humano e ao desenvolvimento de talentos dentro da equipe jurídica.

- **Treinamento e Desenvolvimento (*Training & Development*):** essencial para o crescimento contínuo e o aprimoramento das habilidades da equipe jurídica. Investimentos em programas de treinamento ajudam a equipe a se manter alinhada à cultura organizacional e aos comportamentos éticos, além de permitir a capacitação e o desenvolvimento individual, mantendo as pessoas atualizadas com as práticas e normas mais recentes e relevantes.
- **Gestão de Talentos (*Organization Optimization & Health*):** enfatiza a contratação, a retenção e o desenvolvimento de profissionais do direito, além de criar uma cultura organizacional que promova comportamentos éticos, de bem-estar e eficiência.
- **Gestão de Fornecedores e Escritórios de Advocacia (*Firm & Vendor Management*):** trata das relações entre a equipe jurídica interna e os recursos externos, como escritórios de advocacia e consultores, garantindo que essas parcerias sejam produtivas e alinhadas com as metas da organização.

2. PROCESSOS

Esse pilar envolve a aplicação de estruturas organizacionais e operacionais para tornar o trabalho jurídico mais eficiente e eficaz.

- **Gestão Estratégica (*Strategic Planning*):** define os fluxos de processos e objetivos estratégicos do departamento jurídico, garantindo que as atividades jurídicas estejam focadas e alinhadas com as metas e objetivos de negócio mais amplos da organização.

- **Modelos de Entrega de Serviço (*Service Delivery Models*):** refere-se à estruturação da maneira como os serviços jurídicos são fornecidos, seja por meio de equipes internas, externas ou de uma mistura de ambas, para melhor gerir a prestação e os resultados desses serviços.

- **Gestão de Projetos/Programas/Metodologias Ágeis (*Project/Program Management/Agile Methodologies*):** aplica metodologias de gestão de projetos e metodologias ágeis para garantir que as iniciativas jurídicas sejam concluídas eficientemente e sempre alinhadas com os objetivos delimitados previamente.

- **Operações de Prática Jurídica (*Practice Operations*):** lidam com a eficiência do dia a dia operacional do departamento jurídico, criando e otimizando fluxos de trabalho.

- **Gestão do Conhecimento (*Knowledge Management*):** envolve a captura e o compartilhamento de informações e experiências para melhorar a eficácia das operações jurídicas.

- **Governança da Informação (*Information Governance*):** cuida da estruturação de políticas e práticas que gerenciam informações corporativas, abordando questões como segurança e privacidade dos dados.

3. TECNOLOGIAS

Esse pilar é dedicado às ferramentas e plataformas que apoiam as operações jurídicas e ajudam a equipe a realizar seu trabalho de forma mais eficiente.

- **Tecnologia (*Technology*):** engloba a seleção e a implementação de *softwares* e outras ferramentas tecnológicas que automatizam tarefas, melhoram a comunicação e ajudam no gerenciamento de documentos e dados.

- **Inteligência de Negócios (*Business Intelligence*):** utiliza dados e ferramentas analíticas para suportar a tomada de decisões e para fornecer *insights* estratégicos que podem influenciar a direção do departamento jurídico.

- **Gestão Financeira (*Financial Management*):** em que pese a princípio tratar-se de uma competência aparentemente mais ligada ao pilar de processos, a maneira como se faz uma gestão financeira atualmente, recorrendo a soluções tecnológicas para o planejamento, a gestão orçamentária e a análise de custo-benefício, aumenta a influência do pilar tecnológico sobre sua execução eficiente, permitindo um controle mais apurado sobre os aspectos financeiros das operações jurídicas.

O alinhamento dessas competências com os respectivos pilares da gestão estratégica não torna cada uma das 12 competências essenciais exclusivas de um ou outro pilar. Como já visto, o *Legal Ops* envolve, na multidisciplinaridade e na adaptabilidade, valores essenciais ao seu eficaz e efetivo desenvolvimento, podendo as competências essenciais do CLOC apresentar pontos de contato e influências de mais de um pilar. A ideia da divisão apresentada visa apenas mostrar os pilares que exercem maior influência em cada competência.

Cada uma dessas competências contribui para a eficácia geral do departamento jurídico. O alinhamento correto entre pessoas, processos e tecnologias permite que as equipes jurídicas ofereçam serviços de alta qualidade, atuem de maneira proativa diante dos desafios e se adaptem rapidamente às mudanças, garantindo uma contribuição estratégica para o sucesso da organização.

Nos capítulos subsequentes desta primeira seção, dedicada aos fundamentos e valores, aprofundaremos nossa discussão em conceitos e teorias relacionados às pessoas, processos e tecnologias, que constituem os pilares essenciais para a área de *Legal Ops*. Em seguida, a partir da segunda parte do livro, abordaremos de maneira prática e detalhada cada uma das 12 competências essenciais, examinando-as pelas lentes dos respectivos pilares de gestão.

Capítulo 2
O PAPEL DAS PESSOAS EM *LEGAL OPS*

1. A IMPORTÂNCIA DO CAPITAL HUMANO E DA MULTIDISCIPLINARIDADE

Já vimos que a área de *Legal Ops* tem ganhado cada vez mais relevância dentro das corporações modernas, não apenas como função operacional, mas como pilar estratégico, capaz de influenciar significativamente o sucesso geral de uma organização.

No coração dessa transformação está o capital humano, os indivíduos cujas habilidades, motivações e engajamento determinam a eficácia das operações jurídicas. As pessoas são, indiscutivelmente, o ponto de partida para o desenvolvimento e a evolução do *Legal Ops*, marcando a diferença entre um departamento que simplesmente cumpre tarefas e outro que impulsiona a inovação e o crescimento estratégico.

Isso não significa dizer que os demais pilares estratégicos tenham menos importância na gestão e desenvolvimento da área de *Legal Ops*, mas ter a consciência de que há uma ordem de foco e atuação que permite um encadeamento lógico na execução efetiva das tarefas. Essa ordem se materializa treinando e engajando **pessoas**, para que, por via da utilização de **ferramentas metodológicas e procedimentais – processos –**, elas consigam executar suas tarefas e atingir os objetivos estabelecidos. O uso de **soluções tecnológicas (que também são ferramentas)** no decorrer dos processos agiliza, otimiza e maximiza os resultados esperados.

Com essa descrição fica claro que **processos** e **tecnologias**, por mais importantes que sejam, SEMPRE serão **ferramentas**, ou seja, não são um fim em si mesmo: são algo que utilizamos para alcançar uma finalidade, um resultado esperado.

Quando desenhamos e aprimoramos um fluxo de trabalho ou quando desenvolvemos e aplicamos uma solução tecnológica, essas ferramentas fornecem os resultados que esperamos obter, desde que estejam funcionais e sejam corretamente utilizadas. Um processo ou um *software* não precisa de motivação para gerar o resultado para o qual foi proposto; ambos vão gerar o mesmo resultado sempre que forem aplicados e utilizados.

No entanto, quando tratamos de **pessoas**, falamos de um recurso, de um capital humano, que tem capacidade cognitiva, sentimentos e que encontra na motivação, no empenho, no senso de dever e responsabilidade suas forças primordiais, em um processo produtivo. Pessoas não são – ou não deveriam ser – utilizadas para obter um fim; elas geram esse fim, esse resultado esperado. Ou seja, as pessoas são diretamente responsáveis pelos resultados gerados.

Não adianta conhecer as melhores ferramentas procedimentais, desenhar os melhores fluxos de processos e trabalho e contar com as ferramentas tecnológicas mais modernas e complexas se **os usuários** dessas ferramentas não estiverem devidamente **aculturados, motivados, engajados e treinados**.

É preciso tratar as pessoas não como números ou simples meios de obter um fim, mas como seres conscientes que são, dotados de sentimentos, vontades e que precisam ser compreendidos e inseridos na cultura organizacional para só então serem treinados na execução de suas tarefas.

Isso significa dizer que é preciso reunir pessoas com valores, motivações e propósitos alinhados com os da organização e do próprio departamento jurídico para que ocorra uma sinergia entre o que acreditam e o que fazem: as pessoas precisam acreditar no que fazem para fazer melhor e de forma mais eficiente, colocando em prática a máxima de que não é sobre o que produzem, mas sobre por que produzem.

Simon Sinek, no livro *Comece pelo porquê*[1], destaca a importância de entender e articular o "porquê" de uma organização ou de um indivíduo – o propósito, a causa ou a crença que inspira as pessoas a fazerem o que fazem. Quando aplicamos esse princípio ao contexto do *Legal Ops*, percebemos que o sucesso não depende apenas da implementação de processos ou tecnologias, mas, crucialmente, do alinhamento entre os porquês dos indivíduos e os da organização. Isso é particularmente importante em um ambiente que, por tradição, pode parecer rígido ou burocrático.

Para transformar o *Legal Ops* em uma força dinâmica dentro da empresa, é essencial que cada membro da equipe entenda não apenas o que precisa fazer e como fazer, mas principalmente o motivo pelo qual seu trabalho é importante.

Esse entendimento profundo do "porquê" individual pode então ser alinhado com o "porquê" do departamento jurídico e, em um nível ainda mais amplo, com o "porquê" da organização, de modo a garantir um alinhamento de ações no qual todos estejam trabalhando em prol de um objetivo comum, com uma visão clara e uma paixão compartilhada.

Assim, focar a gestão de pessoas como mola mestra do desenvolvimento da área de *Legal Ops* significa, inicialmente, enfatizar suas motivações, seus propósitos. Esse é um ponto de abordagem interessante a respeito de como partir das

---

[1] SINEK, S. *Comece pelo porquê*: como grandes líderes inspiram pessoas e equipes a agir. Tradução Paulo Geiger. Rio de Janeiro: Sextante, 2018.

motivações pessoais e organizacionais para se concentrar nos processos de implantação das ideias (materialização das motivações) e, assim, alcançar o que se deseja: o "Círculo Dourado", desenvolvido por Simon Sinek.

O conceito de Círculo Dourado foi introduzido por Simon Sinek em sua famosa TED Talk *Como grandes líderes inspiram ação*[2] e mais tarde detalhado no já mencionado livro *Comece pelo porquê*. Esse modelo descreve o fato de que líderes e organizações inspiradoras comunicam e agem de maneira inversamente proporcional à maioria das outras pessoas e empresas.

O modelo é composto por três círculos concêntricos, que devem ser lidos de dentro para fora.

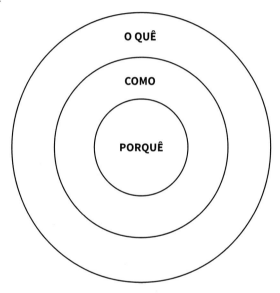

Figura 2.1: Modelo do Círculo Dourado de Simon Sinek.
Fonte: SINEK, S. *Comece pelo porquê*: como grandes líderes inspiram ação. Tradução Paulo Geiger. Rio de Janeiro: Sextante, 2018.

- **PORQUÊ:** o círculo mais interno representa o propósito, causa ou crença da organização. É o motivo pelo qual a empresa existe além de fazer dinheiro, a causa por que as pessoas dentro da organização são inspiradas a ir trabalhar todos os dias. Sinek argumenta que começar com o "Porquê" é a chave para inspirar outros e para o sucesso sustentável de qualquer organização ou movimento.

---
[2] HOW GREAT LEADERS INSPIRE ACTION [*S. l.: s. n.*], 2009. 1 vídeo (17min47s). Simon Sinek. TEDxPuget Sound. Disponível em: https://www.ted.com/talks/simon_sinek_how_great_leaders_inspire_action?subtitle=en&lng=pt-br&geo=pt-br. Acesso em: 23 jan. 2025.

- **COMO:** o segundo círculo envolve o "Como", que envolve os processos específicos, os valores ou os princípios de ação que distinguem uma organização das outras. Esses são os métodos ou caminhos que a organização adota para realizar sua missão ou visão, manifestando o "Porquê" em termos práticos.

- **O QUÊ:** o círculo externo representa o "O Quê" da organização, que é o resultado tangível das ações da empresa: os produtos vendidos, os serviços oferecidos ou o trabalho realizado. A maioria das empresas pode facilmente articular o que faz, mas não necessariamente por que o faz.

Segundo Sinek, a maioria das empresas e pessoas comunica de fora para dentro, começando com o "O Quê" e se movendo em direção ao "Como" e ao "Porquê". No entanto, as organizações e líderes verdadeiramente inspiradores comunicam de dentro para fora, começando com o "Porquê" e depois detalhando o "Como" e o "O Quê". Essa abordagem não só ajuda na construção de uma marca forte e de uma liderança inspiradora como cria uma lealdade duradoura e motiva a ação em outros, seja no contexto da liderança pessoal, da gestão empresarial ou do *marketing*.

O Círculo Dourado de Sinek, que coloca o "Porquê" no centro, seguido do "Como" e do "O Quê", representa um modelo valioso para *Legal Ops*. Quando as equipes jurídicas começam com o "porquê", elas criam uma base de motivação e propósito. Isso não só melhora a satisfação e o engajamento no trabalho como impulsiona a inovação, pois os membros da equipe se sentem mais conectados com a missão maior da organização.

A abordagem centrada nas pessoas em *Legal Ops* também significa reconhecer a diversidade de talentos e perspectivas dentro da equipe. Cada membro traz seu próprio Círculo Dourado único, que inclui suas motivações, experiências e ideias. Valorizar essa diversidade e encontrar maneiras de integrá-la ao "porquê" coletivo do departamento pode levar a soluções mais inovadoras e a uma abordagem mais holística para resolver problemas.

Outro ponto de notória importância quando o foco no desenvolvimento das pessoas é algo verdadeiro são as sensações de pertencimento e de realização individual.

A consciência de pertencimento e realização pessoal é um dos alicerces mais significativos para o desenvolvimento humano dentro de qualquer contexto organizacional. Quando os indivíduos percebem que são parte integrante de uma comunidade e veem suas contribuições sendo reconhecidas, eles se sentem mais valorizados e também mais motivados a contribuir para o sucesso coletivo.

Esse sentimento de pertencimento, quando cultivado dentro de uma empresa, pode transformar o ambiente de trabalho, tornando-o mais produtivo, criativo e, fundamentalmente, mais humano.

Além disso, a autorrealização surge quando os colaboradores percebem que podem alcançar seu potencial dentro da organização. Isso está intimamente ligado à ideia de autorresponsabilização pelos resultados, um conceito destacado no livro *As quatro disciplinas da execução*[3], de Covey, McChesney e Huling.

Nesse livro, os autores sublinham a importância de as pessoas se sentirem parte de "times vencedores", nos quais suas ações diretas contribuem de maneira mensurável para o sucesso da organização. Essa clareza de impacto proporciona não apenas um senso de realização, mas também um impulso motivacional contínuo.

A autorresponsabilização pelo sucesso e pelos resultados, assim, refere-se não apenas a assumir a responsabilidade quando as coisas vão mal, mas também a celebrar e reconhecer as contribuições quando as metas são alcançadas. Isso reforça o sentimento de pertencimento e propicia um ambiente onde a autorrealização é não apenas possível como continuamente incentivada. Esse ambiente promove uma cultura em que o sucesso individual é visto como parte integrante do sucesso coletivo.

No contexto das *Quatro disciplinas da execução*, a definição clara das metas e a compreensão da contribuição individual para cada uma delas são cruciais. Quando os indivíduos entendem de que modo suas tarefas se alinham com os objetivos mais amplos da empresa, eles são capazes de ver o valor real de seu trabalho. Isso não apenas aumenta a motivação como fortalece o compromisso com os objetivos da organização, criando uma sinergia entre o desenvolvimento pessoal e o sucesso empresarial.

A área de *Legal Ops* tem a capacidade única de transformar a estrutura tradicional e as operações de uma organização quando fundamentada em um forte entendimento e alinhamento do "porquê", de modo a gerar em cada indivíduo um constante e perene senso de pertencimento e realização. Essa percepção começa com as pessoas, estende-se pelos processos e é amplificada pela tecnologia, garantindo que a organização não apenas alcance seus objetivos estratégicos mas também cultive um ambiente de trabalho inspirador e guiado por um propósito.

2. CULTURA E LIDERANÇA NO DEPARTAMENTO JURÍDICO

Em ambientes corporativos tradicionais, especialmente em departamentos jurídicos, a cultura de liderança frequentemente segue um modelo hierárquico e formal. Nessa configuração convencional, as decisões tendem a ser centralizadas e a comunicação flui de cima para baixo, seguindo estruturas rígidas e protocolos formais.

---

[3] COVEY, S.; McCHESNEY, C.; HULING, J. *As quatro disciplinas da execução:* alcançando suas metas mais importantes. Rio de Janeiro: Alta Books, 2017.

A liderança tradicional no contexto jurídico costuma enfatizar a autoridade baseada no conhecimento legal e na experiência, enquanto a interação entre diferentes níveis da equipe pode ser limitada e altamente formalizada. Essa abordagem, embora seja capaz de promover a ordem e a clareza, frequentemente restringe a inovação e pode levar a um ambiente de trabalho menos colaborativo e mais isolado.

Essa conjuntura é fruto da própria formação acadêmica do profissional jurídico. Desde a faculdade de Direito o profissional dessa área é moldado sob um viés isolacionista, aprendendo que detém o monopólio da intepretação dos princípios e normas jurídicos. Some-se a esse fato a corriqueira falta de interdisciplinaridade entre os cursos de Direito e as demais áreas científicas, em especial o domínio das ciências exatas.

Muitos bacharéis em Direito se formam com alto grau de conhecimento em *hard skills* jurídicas, como Direito Constitucional, Civil, Empresarial, Trabalhista, entre outros ramos tradicionais, mas desconhecem ou sabem muito pouco sobre noções de economia e contabilidade, noções básicas de tecnologia da informação e utilização de *softwares* e até mesmo conceitos típicos da área de Administração, como ferramentas e *frameworks* de gestão.

Quando tratamos das *soft skills*, as competências comportamentais, a situação é ainda pior, com raríssimos profissionais treinados e capacitados em liderança, resolução de problemas complexos, comunicação efetiva e negociação, entre tantas outras.

Devido a esse repertório, os profissionais do direito e futuros chefes de departamentos jurídicos ou escritórios de advocacia se tornam superiores hierárquicos, mas não líderes e gestores. São incapazes de treinar, engajar e liderar equipes e enfrentam enorme dificuldade em desenvolver uma visão holística, de modo a compreender a atividade jurídica não como um fim em si mesmo – o famoso "departamento do não" –, mas como área integrante de uma organização com fins e objetivos maiores, responsabilidades assumidas por todos os departamentos.

Contrastando com isso, a cultura da liderança em *Legal Ops* representa uma mudança paradigmática em direção a uma abordagem mais inclusiva, colaborativa e adaptável, focada em entregar resultados para a organização. Isso porque compreende que o departamento jurídico não é um fim em si mesmo, mas uma das diversas estruturas organizacionais incumbidas de atingir as metas crucialmente importantes da organização.

Na área de *Legal Ops*, a valorização de uma comunicação menos formal e mais direta é essencial para fomentar um ambiente onde as ideias possam ser compartilhadas livremente e onde todos os membros da equipe sintam que suas vozes são ouvidas. Desenvolve-se, desse modo, equipes de confiança, nas quais as pessoas se sentem seguras para expor suas vulnerabilidades e dificuldades a fim de obter ajuda e melhoria no desenvolvimento de suas tarefas.

Capítulo 2 • O Papel das Pessoas em *Legal Ops* 33

Isso é particularmente importante devido à natureza multidisciplinar de *Legal Ops*, que reúne profissionais de diversas áreas de especialização, não apenas do direito, mas também da tecnologia, finanças, gestão de projetos e outras áreas, com culturas e formações bem diferentes. Criar um elo de confiança ajuda a aproximar esses indivíduos.

A liderança em *Legal Ops* deve, portanto, ser caracterizada pela abertura à inovação e pela disposição a explorar novas abordagens e soluções. Os líderes nesse ambiente incentivam a experimentação e aprendem com os erros, em vez de se ater estritamente a métodos testados e comprovados. Eles reconhecem que a adaptabilidade e a flexibilidade são essenciais em um campo em constante evolução e que a colaboração interdepartamental pode levar a *insights* mais profundos e a soluções mais eficazes.

Além disso, a liderança em *Legal Ops* está intrinsecamente ligada ao desenvolvimento de pessoas. Ao contrário da abordagem tradicional, que pode priorizar a busca incessante por resultados, os líderes em *Legal Ops* reconhecem que o crescimento e o aprimoramento da equipe são fundamentais para o sucesso a longo prazo. Eles investem tempo e recursos no aperfeiçoamento profissional dos membros da equipe e promovem uma cultura de aprendizado contínuo. Isso não só aumenta a competência e a satisfação do time como contribui para um ambiente mais ético, dinâmico e inovador.

Ao proporcionar às pessoas oportunidades para crescer e aprimorar suas habilidades, os líderes de *Legal Ops* não apenas aumentam a competência da equipe, mas também reforçam o sentimento de que cada indivíduo é parte essencial da missão da organização. Esse desenvolvimento contínuo é uma maneira prática de demonstrar o compromisso com o "porquê" individual dos membros da equipe.

Em última análise, quando os membros da equipe de *Legal Ops* estão treinados e alinhados com o "porquê" do departamento e da organização, mostram-se mais engajados, motivados e preparados para enfrentar os desafios. Essa qualificação e alinhamento cultural criam uma sinergia poderosa, que pode não só impulsionar a eficiência e a eficácia das operações jurídicas como contribuir significativamente para o sucesso global da empresa.

Portanto, cultivar um ambiente em que o "porquê" é parte central da cultura de *Legal Ops* não é apenas benéfico, é essencial. Os líderes que reconhecem e implementam essa prática estão equipando suas equipes não apenas para o sucesso nas tarefas diárias, mas também para uma contribuição mais ampla e significativa para a organização como um todo.

Práticas éticas também são uma pedra angular da liderança em *Legal Ops*. Os líderes nessa área entendem a importância de manter padrões éticos elevados e de modelar esses comportamentos em suas interações diárias. Eles promovem uma cultura na qual a integridade é valorizada e as decisões são tomadas não apenas com base na eficácia, mas também na justiça e equidade. Isso ajuda a estabelecer uma relação de confiança dentro de uma equipe multidisciplinar e entre a equipe e outras partes da organização.

Em termos de aplicabilidade, isso significa que os líderes de *Legal Ops* devem se esforçar para comunicar efetivamente o propósito e os objetivos estratégicos do departamento, sem jamais perder o foco de promover uma cultura que preza pela prática contínua de comportamentos éticos e pela centralização dos indivíduos, como recursos primordiais para o desenvolvimento da área.

Mais do que isso, os líderes devem cultivar um ambiente onde os membros da equipe se sintam valorizados e entendam de que modo suas contribuições individuais se encaixam no quadro maior. Esse processo pode envolver sessões de *brainstorming* regulares, reuniões individuais voltadas ao desenvolvimento e melhoria específicos do colaborador e reuniões de equipe focadas no propósito e reconhecimento do trabalho que reflete o "porquê" do departamento.

Por outro lado, existem posturas e mentalidades que devem ser evitadas a qualquer custo. Uma delas é o conceito de "liderança preguiçosa", desenvolvido por Simon Sinek.

No livro *O jogo infinito*[4], Sinek descreve a liderança preguiçosa como o comportamento em que a falta de envolvimento ativo, orientação e *feedback* dos líderes pode levar a um declínio na moral e na cultura organizacional. Esse tipo de liderança não apenas falha em inspirar os colaboradores como pode desencadear uma cadeia de consequências negativas, incluindo a perda do senso de pertencimento e a diminuição da motivação para a autorrealização.

Sinek adverte que sem líderes comprometidos e presentes os colaboradores podem sentir-se desorientados e desvalorizados, o que pode levar a um declínio na ética de trabalho e, eventualmente, no desempenho organizacional. Uma liderança eficaz é aquela que, em vez de priorizar processos, valoriza as pessoas e suas causas justas, de modo a apoiar, orientar e reconhecer os esforços dos colaboradores a fim de construir uma cultura de responsabilidade mútua e respeito.

A "liderança preguiçosa" não apenas mina os esforços individuais: ela também erode a confiança dentro da equipe. Sem confiança, a colaboração e a inovação são severamente limitadas, prejudicando a capacidade da empresa de alcançar seus objetivos estratégicos. Em contraste, líderes que praticam uma abordagem proativa, focada no desenvolvimento e no bem-estar de suas equipes, podem cultivar um ambiente onde a sensação de pertencimento e a busca pela autorrealização são naturais.

Portanto, é imperativo que as empresas cultivem líderes que compreendam a importância da ética, do engajamento e do reconhecimento. Líderes que

---

[4] SINEK, S. *O jogo infinito*. Tradução Paulo Geiger. São Paulo: Sextante, 2020.

Capítulo 2 • O Papel das Pessoas em *Legal Ops*

valorizam comportamentos éticos efetivamente comunicam o "porquê" da organização, definem expectativas claras e fornecem o apoio necessário para que os colaboradores alcancem essas expectativas, sendo indispensáveis para a criação de uma cultura vibrante e produtiva.

A interseção entre a valorização dos comportamentos éticos, a sensação de pertencimento, a autorrealização e a responsabilização pelos resultados cria um poderoso motor para o desenvolvimento das pessoas e da cultura de uma empresa. Os líderes têm a responsabilidade de cultivar esse ambiente, afastando-se da "liderança preguiçosa" e, em vez disso, adotando práticas que promovam a transparência, o reconhecimento e a colaboração. Somente então as empresas podem esperar construir times verdadeiramente vencedores, alinhados não apenas em torno de metas comuns, mas também de valores compartilhados e de um profundo senso de propósito.

Adotando esse novo modelo de liderança, departamentos jurídicos e equipes de *Legal Ops* podem não apenas melhorar sua eficácia operacional como construir um ambiente de trabalho mais positivo, colaborativo e inovador.

Um ponto extremamente relevante para uma liderança e uma gestão eficientes na área de *Legal Ops* é a compreensão, por parte do líder, do papel **fundamental** da multidisciplinaridade como fator de integração de pessoas e conhecimentos, permitindo quebrar as tradicionais barreiras de comunicação e atuação que o mundo jurídico criou ao longo dos anos – quem nunca ouviu a expressão "juridiquês"?

No contexto do *Legal Ops*, a multidisciplinaridade emerge como um dos pilares fundamentais para alcançar eficiência e inovação. Quando a área jurídica se conecta de forma estratégica com outras áreas técnicas, como a financeira, por exemplo, é possível derrubar barreiras de comunicação e promover um fluxo constante de troca de conhecimentos e experiências. Essa abordagem não apenas melhora a gestão jurídica, mas também alinha os objetivos legais aos negócios como um todo.

O jurídico frequentemente opera em um "silo", isolado das dinâmicas de outras áreas. A multidisciplinaridade cria uma ponte entre os conhecimentos técnicos da área jurídica e as demais áreas, como finanças, TI e RH, tornando os processos mais integrados e assertivos.

Essa integração começa com a melhoria da comunicação, por via da concentração de pessoas em uma única área, de modo que todos passam a conhecer e a compreender jargões, termos técnicos e modos de trabalhar das diversas áreas envolvidas. Em equipes multidisciplinares essas barreiras são superadas, promovendo maior clareza e alinhamento, uma vez que todos passam a produzir para alcançar objetivos comuns e integrados.

Ainda sobre jargões e termos técnicos – um dos fatores que impõem maior dificuldade na comunicação entre áreas técnicas diversas –, a multidisciplinaridade garante que essas questões sejam abordadas por meio de uma visão mais simples e de soluções bem fundamentadas, pois coloca em uma mesma equipe pessoas aptas a explicar aos leigos conceitos complexos e termos peculiares.

Problemas complexos como *compliance* financeiro ou gestão de riscos tributários demandam conhecimento jurídico e financeiro; ao reunir advogados e economistas, por exemplo, em uma área de *Legal Ops*, é possível criar um ambiente onde a comunicação flua melhor, com maior clareza entre os termos técnicos e legais, além de se otimizar o conhecimento ao alinhar análises jurídicas com projeções financeiras estratégicas, gerando soluções mais completas e eficazes.

O jurídico pode atuar junto à área financeira para mapear e avaliar riscos tributários, por exemplo, ao interpretar legislações fiscais complexas, em que o operador jurídico fornece o respaldo legal enquanto a equipe financeira oferece dados sobre impactos econômicos, permitindo decisões mais estratégicas.

Outro exemplo de atuação multidisciplinar: durante a revisão de contratos financeiros, por exemplo, de financiamentos ou contratos com fornecedores, os profissionais com formação financeira dentro da área de *Legal Ops*, pelo fato de já estarem adaptados e de deterem algum conhecimento jurídico, podem colaborar com a área financeira para identificar cláusulas capazes de implicar custos adicionais (como multas ou taxas ocultas), garantindo maior segurança e economia.

A análise prévia por um profissional com formação financeira e conhecimentos jurídicos básicos agrega um valor significativo ao processo de revisão contratual. Esse profissional pode realizar uma triagem inicial, avaliando pontos técnicos relacionados a números, cláusulas de impacto financeiro, projeções de custos e riscos associados, antes que o contrato chegue ao advogado para revisão final.

Por sua vez, esse fluxo permite que a análise final do advogado seja mais rápida e segura, pois o documento já vem pré-filtrado, com potenciais inconsistências identificadas e uma visão financeira bem fundamentada. Além disso, a análise prévia traz um olhar financeiro aprofundado, permitindo que a revisão jurídica se concentre nas questões legais com maior precisão e alinhamento com os objetivos econômicos do contrato.

Fica evidente que a abordagem multidisciplinar promove uma conjugação de conhecimentos financeiros e jurídicos, resultando em um contrato que não apenas cumpre os requisitos legais, mas também otimiza aspectos financeiros, como prazos de pagamento, taxas de juros e cláusulas de penalidade. No final, o processo se torna mais eficiente, reduzindo o tempo de revisão e aumentando a qualidade das decisões contratuais, além de alinhar melhor os contratos com as estratégias econômicas da empresa.

A multidisciplinaridade não é apenas um diferencial, mas uma necessidade na área de *Legal Ops*, pois promove a integração entre o jurídico e outras áreas, como a financeira, possibilitando a criação de sinergias. Estas resultam em soluções mais robustas, melhor comunicação e, principalmente, maior alinhamento entre os objetivos legais e de negócio.

Investir em equipes diversas, com diferentes experiências e formações, transforma o jurídico, por via da área de *Legal Ops*, em um centro técnico especializado na resolução dos principais problemas cotidianos e estratégicos da empresa – um importante parceiro estratégico no sucesso organizacional.

Capítulo 3
OS PROCESSOS COMO A ENGRENAGEM QUE IMPULSIONA O *LEGAL OPS*

1. MAPEAMENTO E OTIMIZAÇÃO DE PROCESSOS

Processos são essenciais na arquitetura de qualquer organização, mas, em *Legal Ops*, eles assumem um papel ainda mais crítico. São essas engrenagens que mantêm a área de *Legal Ops* funcionando de maneira eficaz e eficiente, garantindo que todos os aspectos operacionais estejam alinhados com os objetivos estratégicos da organização. O mapeamento e a otimização desses processos, portanto, são vitais para o sucesso e a sustentabilidade de longo prazo de qualquer departamento jurídico.

Mapear processos em *Legal Ops* não se refere apenas a documentar o que acontece e quando acontece; trata-se de entender profundamente como diferentes tarefas e atividades se interconectam para criar um fluxo de trabalho coeso. Isso inclui identificar cada etapa em um procedimento, saber quem é responsável por cada parte e como as informações são transferidas entre as etapas. O mapeamento eficaz dos processos revela redundâncias, etapas limitantes, gargalos e ineficiências que muitas vezes passam despercebidos na rotina diária.

Pautando-se nas ideias de adaptabilidade e multidisciplinaridade inerentes à área de *Legal Ops*, pode-se pensar no mapeamento de processos, importando conceitos e aplicações próprios das áreas de engenharia e de gestão de projetos. É o caso, especificamente, da Gestão de Processos de Negócios ou *Business Process Management* (BPM), que auxilia no mapeamento e melhoria dos processos internos da empresa.

Para o contexto da área de *Legal Ops*, o BPM e, mais especificamente, suas fases "AS-IS" e "TO-BE" podem desempenhar um papel fundamental nas aplicações práticas e cotidianas, que envolvem o mapeamento e a otimização dos fluxos de trabalho. Ao compreender em detalhes como os processos jurídicos atuais são realizados, as organizações podem identificar ineficiências, etapas limitantes, gargalos e riscos. Esse entendimento profundo é crucial para o setor jurídico, no qual os processos tendem a ser complexos e fortemente regulamentados.

A fase "AS-IS" refere-se à representação e análise do estado atual dos processos de uma organização. Em outras palavras, descreve como as coisas são feitas atualmente, antes de qualquer intervenção para melhoria ou otimização. Esse é um passo crucial na gestão de processos de negócios, pois fornece uma visão clara e objetiva da maneira como os processos operam no momento, incluindo todas as fases, responsabilidades, fluxos de informações e possíveis etapas limitantes, gargalos ou ineficiências.

Ao identificar as áreas onde os processos são lentos, redundantes ou desnecessariamente complicados, as equipes de *Legal Ops* podem trabalhar para simplificar e otimizar essas etapas. Isso não apenas melhora a eficiência e reduz os custos como aumenta a satisfação dos clientes internos e externos ao possibilitar serviços jurídicos mais ágeis e eficazes, o que proporciona maior percepção de qualidade.

A importância do mapeamento "AS-IS" para o reconhecimento e gerenciamento de processos na área de *Legal Ops* pode ser explicada e pensada de modo multifacetado, pois ela permite:

1. **Identificar as ineficiências do fluxo, por via do mapeamento e compreensão dos processos em sua forma atual:** permite, assim, aos operadores de *Legal Ops* identificar claramente as áreas onde o processo pode ser redundante, ineficaz ou propenso a erros. Isso fornece uma base sólida para melhorias, permitindo que todos vejam onde e como os processos podem ser aprimorados.

2. **Documentar os processos de modo a criar um entendimento comum entre diferentes partes da organização:** isso facilita a comunicação e a colaboração entre departamentos e equipes, pois todos têm uma visão clara e objetiva do estado atual dos processos.

3. **Estabelecer parâmetros iniciais, uma vez que sem um entendimento claro do estado atual é impossível medir efetivamente o impacto das mudanças:** o mapeamento "AS-IS" estabelece uma linha de base a partir da qual o progresso pode ser medido, permitindo que a organização avalie a eficácia das melhorias implementadas.

4. **Identificar riscos:** ao entender como os processos funcionam atualmente, a organização pode identificar ameaças potenciais, como pontos de falha, dependências críticas ou não conformidade com regulamentos e normas. Isso permite que a organização adote medidas proativas para mitigar esses riscos.

5. **Priorizar melhorias, uma vez que nem todas as ineficiências são igualmente críticas:** ao mapear os processos "AS-IS", a organização pode priorizar áreas para melhoria com base em critérios como impacto no cliente, custo, tempo e alinhamento estratégico.

6. **Facilitar mudanças e adaptações a partir da compreensão do estado atual dos processos:** o mapeamento "AS-IS" fornece elementos para discutir, planejar e implementar mudanças, envolvendo as partes interessadas na concepção de um estado futuro ("TO-BE") desejado.

Capítulo 3 • Os Processos como a Engrenagem que Impulsiona o *Legal Ops*

7. **Treinamento e capacitação de novos funcionários ou reciclagem do conhecimento dos funcionários existentes:** essa dinâmica os ajuda a entender como suas atividades se encaixam no fluxo de trabalho geral da organização.

O mapeamento "AS-IS" é um componente indispensável no gerenciamento de processos. Ele fornece a base necessária para qualquer esforço de otimização, permitindo que as áreas de *Legal Ops* façam e sugiram melhorias informadas e estratégicas, que alavancam o desempenho e contribuem para o alcance dos objetivos globais.

No entanto, a fase "AS-IS" destaca-se apenas pelo **mapeamento** dos processos, sem adentrar análises meritórias ou sugestões de melhorias; ela se restringe a um olhar para o presente.

Já a **otimização** de processos compreende uma fase posterior ao "AS-IS". Nessa etapa há um olhar para o futuro, que permite, analisando os dados coletados no presente, por via da fase "AS-IS", sugerir adaptações e correções que priorizem a melhoria contínua na execução dos fluxos. Essa fase, em BPM, é conhecida como "TO-BE".

A fase "TO-BE" no BPM representa um componente crucial na jornada de otimização de processos, especialmente no contexto de *Legal Ops*. Essa etapa envolve a definição de um estado futuro desejado para os processos de negócios, após a identificação e análise do estado atual ("AS-IS"). Em *Legal Ops*, a fase "TO--BE" é fundamental, pois estabelece a visão e os objetivos que a equipe jurídica almeja alcançar por meio da reengenharia e da otimização dos processos.

A importância da fase "TO-BE" reside em sua capacidade de fornecer uma direção clara e um roteiro para melhorias. Ela permite que as equipes de *Legal Ops* visualizem como os processos ideais devem funcionar para atender às necessidades do departamento e do próprio negócio, aumentar a eficiência, reduzir riscos e melhorar a satisfação dos clientes. Ao definir esse estado futuro, as equipes podem alinhar melhor as estratégias, objetivos e recursos do departamento jurídico com as metas crucialmente importantes da organização.

No ambiente dinâmico e muitas vezes complexo do *Legal Ops*, no qual os processos podem envolver várias partes interessadas, regulamentações rigorosas e grandes volumes de dados, a fase "TO-BE" ajuda a simplificar e a desmistificar o fluxo de trabalho. Ela oferece uma oportunidade para repensar e remodelar processos desatualizados, ineficientes ou que não se alinhem mais com as prioridades estratégicas da organização.

Além disso, a fase "TO-BE" em *Legal Ops* incentiva a inovação e a adoção de novas tecnologias. Com uma visão clara do estado desejado, as equipes jurídicas podem identificar de que modo ferramentas como automação, Inteligência Artificial e análise de dados podem ser integradas para otimizar os processos existentes. Isso não apenas melhora a eficiência como permite que os profissionais jurídicos se concentrem em tarefas de maior valor em vez de se prenderem a procedimentos manuais e repetitivos.

A definição do estado "TO-BE" também promove o engajamento e a colaboração entre os membros da equipe e outras partes interessadas. Ao envolver diferentes pessoas no processo de definição do estado futuro desejado, as organizações podem garantir que os novos processos sejam práticos, realizáveis e atendam às necessidades de todos os usuários finais. Isso também ajuda a garantir a adoção e o comprometimento com as mudanças implementadas.

Na fase "TO-BE", é igualmente essencial estabelecer métricas claras de desempenho para avaliar a eficácia dos novos processos. Essas métricas permitem que as equipes de *Legal Ops* monitorem o progresso em direção aos objetivos definidos e façam ajustes conforme necessário. Trata-se de uma abordagem crucial para garantir que os esforços de otimização estejam produzindo os resultados desejados e contribuindo para o sucesso geral da organização.

Juntamente com a "AS-IS", a fase "TO-BE" é um elemento vital do BPM no contexto de *Legal Ops*, fornecendo a base para a transformação estratégica dos processos jurídicos. Ao compreender como os processos são atualmente desenvolvidos e, assim, conseguir estabelecer uma visão clara e objetivos bem definidos para o futuro, as equipes de *Legal Ops* podem direcionar seus esforços de maneira mais eficaz, garantindo que as mudanças realizadas estejam alinhadas com as metas estratégicas da organização e resultem em melhorias significativas tanto em eficiência quanto em eficácia.

O fato é que, uma vez que os processos são claramente definidos e compreendidos, a área de *Legal Ops* pode começar a questionar cada passo e sua relevância para os objetivos maiores. A otimização pode envolver a simplificação de procedimentos, a eliminação de etapas desnecessárias, a automação de tarefas repetitivas e o aprimoramento da comunicação entre as equipes.

Uma característica distintiva de um *Legal Ops* eficiente é a abordagem contínua da melhoria de processos. Em vez de uma revisão única, a otimização é vista como um processo contínuo, no qual o *feedback* é coletado regularmente e as melhorias são implementadas de forma iterativa. Isso não apenas mantém os processos alinhados com as mudanças nas necessidades de negócios como promove uma cultura de eficiência e inovação.

Não à toa, um dos valores definidos para *Legal Ops* é a **melhoria contínua**, que se materializa por meio da adaptabilidade e dos *feedbacks*.

A otimização dos processos é um pilar fundamental para o sucesso e a sustentabilidade de qualquer organização, e não seria diferente na área de *Legal Ops*. Essa prática aumenta a eficiência e a eficácia, além de garantir que os objetivos estratégicos sejam alcançados de maneira consistente e previsível.

As lições de Andy Grove em seu livro *Gestão de alta performance*[1] são extremamente pertinentes nesse contexto, sobretudo quando se trata do conceito de "etapa limitante". Grove enfatiza que, em qualquer processo, geralmente existe uma fase que limita a velocidade ou a qualidade do resultado. Identificar e otimizar essa etapa limitante pode significar a diferença entre o sucesso e o fracasso na execução dos objetivos de negócios.

A abordagem de Grove sugere uma análise detalhada e focada dos processos para identificar qual etapa está restringindo o desempenho. Uma vez identificada, a etapa limitante deve ser o foco principal das iniciativas de melhoria. Ao aprimorar esse aspecto específico, as organizações podem desbloquear um potencial adicional em suas operações e maximizar os resultados globais, já que o processo inteiro flui mais rapidamente e sem impedimentos.

Assim, na definição de um fluxo de trabalho é importante perceber qual etapa demandará mais tempo para sua conclusão e/ou exigirá mais conexões e interdependências, com outras áreas para sua conclusão. Quando há dependência de resposta ou de *inputs* das outras áreas da organização ou mesmo de organizações ou pessoas externas à companhia para a obtenção de informações, um sinal amarelo deve ser aceso na análise do fluxo de trabalho, de modo a perceber se tal etapa poderá ser o fator limitante do fluxo.

Peter Drucker, conhecido como o pai da administração moderna, também sublinhava a importância de processos bem definidos para alcançar resultados operacionais adequados.

Segundo Drucker, um processo bem delineado e compreendido é essencial para a eficácia organizacional. Esse autor argumenta que a eficiência e a eficácia são dois lados da mesma moeda, mas com distinções cruciais.

A eficiência, segundo Drucker, refere-se a fazer as coisas de maneira correta, enquanto a eficácia está relacionada a fazer as coisas certas. Um processo pode ser desenhado de forma extremamente eficiente na realização das tarefas propostas, mas, se essas tarefas não contribuem para os objetivos maiores da empresa, então a eficácia está comprometida — ou seja, trata-se de um fluxo de trabalho inócuo, que só serve para desperdiçar tempo e recursos.

Essa mesma visão deve ser empregada na revisão dos fluxos, de modo que fique muito perceptível quais são as etapas realmente necessárias e eficazes em um fluxo de trabalho. Toda etapa que não contribua ou que não seja essencial para o atingimento do resultado pretendido deve ser revisada e, se for o caso, descartada.

---

[1] GROVE, A. *Gestão de alta performance*: tudo o que um gestor precisa saber para gerenciar equipes e manter o foco em resultados. Tradução de Cristina Yamagami. São Paulo: Benvirá, 2020.

Por essa razão é muito importante ter em mente a relevante diferença entre eficiência e eficácia na otimização de processos. As organizações devem se esforçar não apenas para melhorar a rapidez e a redução de custos dos processos (eficiência), mas também para garantir que esses processos estejam alinhados com os objetivos estratégicos da empresa e da própria área de *Legal Ops* (eficácia). Drucker enfatiza que o foco deve sempre estar em resultados operacionais adequados, o que significa priorizar ações e processos que impulsionem a área e a empresa em direção aos seus objetivos principais.

A aplicação dessas lições no contexto da otimização de processos exige um equilíbrio cuidadoso. As organizações precisam identificar e analisar suas etapas limitantes, conforme descrito por Andy Grove, mas também devem constantemente avaliar e reavaliar a relevância dessas etapas em relação aos objetivos mais amplos da empresa, conforme esclarece Peter Drucker. Isso pode envolver a redefinição de processos, a introdução de novas tecnologias ou métodos e a realocação de recursos para áreas mais críticas.

Além disso, a otimização de processos deve envolver um esforço contínuo e iterativo. Como já visto neste livro, o ambiente de negócios no qual se insere a área de *Legal Ops* está em constante mudança e evolução; o que é considerado uma etapa limitante hoje pode não ser amanhã. Da mesma forma, os objetivos estratégicos de uma organização podem evoluir, exigindo da área de *Legal Ops* uma adaptação ágil de suas atividades, por via da reavaliação dos processos existentes para garantir que continuem alinhados com as metas da empresa.

A otimização dos processos, informada pelas lições de líderes de pensamento como Andy Grove e Peter Drucker, é vital para a excelência operacional. Identificar e melhorar as etapas limitantes, garantir a eficiência dos processos e, mais importante, assegurar que esses processos sejam eficazes no apoio aos objetivos estratégicos da organização são componentes críticos para o melhor desenvolvimento da área de *Legal Ops*.

Os departamentos jurídicos que contam com áreas de *Legal Ops* que, por sua vez, conseguem equilibrar esses elementos não apenas aprimoram sua operação diária, mas também contribuem ativamente para a pavimentação de um caminho dirigido ao crescimento sustentável e duradouro de toda a organização.

Outro fator relevante na otimização dos processos é o papel desempenhado pelas soluções tecnológicas. A tecnologia exerce um papel fundamental na otimização de processos em *Legal Ops*, pois fornece ferramentas modernas de gestão de documentos, plataformas de comunicação e *softwares* de automação que podem transformar processos antiquados, reduzindo o tempo gasto em tarefas administrativas e permitindo que a equipe se concentre no trabalho de maior valor.

No entanto, a adoção de novas tecnologias deve ser considerada de maneira cuidadosa, com uma compreensão clara de como elas se encaixam nos processos

Capítulo 3 • Os Processos como a Engrenagem que Impulsiona o *Legal Ops*

existentes e contribuem para os objetivos gerais. A meta é evitar a busca excessiva por soluções tecnológicas desnecessárias que não contribuam para a eficácia dos processos e que, além de tudo, acabem gerando sentimentos de angústia e preocupação nas pessoas. Busca-se impedir que essas pessoas se vejam obrigadas a constantemente aprender sobre novas tecnologias e suas aplicações, que não servem ao propósito da área em que trabalham.

Há soluções tecnológicas buscadas por fetiche dos gestores, que buscam autopromoção e evidência por via da aquisição da solução mais cara, mais complexa, mas que em nada contribui para a otimização e a maximização dos fluxos de trabalho já existentes.

Além disso, a colaboração é essencial para a otimização efetiva dos processos em *Legal Ops*. Isso envolve não apenas a equipe jurídica, mas também outras partes da organização. A multidisciplinaridade e o trabalho em conjunto podem ajudar a identificar interdependências e garantir que os processos sejam otimizados de maneira a beneficiar a empresa como um todo, não apenas o departamento jurídico.

Um aspecto frequentemente subestimado da otimização de processos é a importância de definir métricas claras. Sem parâmetros para medir o sucesso, é difícil saber se as mudanças estão realmente resultando em melhorias. Portanto, parte da otimização de processos deve incluir a definição de KPIs – *Key Performance Indicators* (indicadores-chave de desempenho), que ajudarão a avaliar a eficácia das mudanças implementadas.

Os KPIs são ferramentas essenciais para avaliar a *performance* dos processos dentro de uma organização. Eles fornecem uma base quantificável para medir o sucesso das atividades empresariais, permitindo que as equipes identifiquem as áreas de sucesso e aquelas que necessitam de melhoria. Essa abordagem na avaliação de desempenho é crucial não apenas para o acompanhamento do progresso, mas também para orientar a tomada de decisões estratégicas.

Ao traçar um paralelo com *As quatro disciplinas da execução*, uma obra que redefine os paradigmas de gestão e execução estratégica, podemos compreender melhor a importância dos KPIs.

No livro, os autores introduzem o conceito de Medidas de Direção (*Lead Measures*), que são essenciais para a execução eficaz de estratégias. Essas medidas diferem dos KPIs tradicionais, que geralmente são Medidas de Atraso (*Lag Measures*), pois fornecem informações em tempo real sobre o desempenho das atividades que impulsionam os resultados. Enquanto as Medidas de Atraso informam sobre os resultados alcançados, as Medidas de Direção indicam o que pode ser feito para influenciar esses resultados.

Aplicando esse conceito ao contexto dos KPIs, podemos entender que os indicadores não devem ser vistos apenas como um modo de avaliar o que já aconteceu, mas também como uma ferramenta capaz de guiar ações futuras. Os KPIs, quando bem definidos, funcionam como Medidas de Direção, ajudando as equipes a entender como suas ações cotidianas podem influenciar os objetivos de longo prazo da organização e estimulando uma cultura de *feedback* sobre a relevância e a eficácia das tarefas, o que, obviamente, contribui para a ideia de melhoria contínua da área de *Legal Ops.*

Portanto, os KPIs são mais do que simples números; são sinais que direcionam o comportamento e as escolhas estratégicas. Esses indicadores permitem que as equipes vejam além do horizonte imediato e ajustem suas estratégias e esforços em conformidade. Esse movimento está em total harmonia com as lições das *Quatro Disciplinas da Execução*, nas quais o foco reside em identificar e priorizar as atividades que terão maior impacto nos resultados.

Além disso, os KPIs ajudam a criar uma linguagem comum para o desempenho em toda a organização. Ao definir claramente o que é sucesso e como ele será medido, todos na organização podem alinhar seus esforços e contribuições com os objetivos mais amplos da empresa, os chamados *Objective and Key Results* (OKRs), que serão tratados mais adiante. A transparência e o alinhamento são fundamentais para fomentar uma cultura de execução e responsabilidade.

A aplicação efetiva dos KPIs também implica a importância de escolher as métricas corretas. Assim como as Medidas de Direção devem ser influenciáveis e preditivas, os KPIs precisam ser cuidadosamente selecionados para garantir que sejam relevantes para os objetivos estratégicos e que possam ser diretamente impactados pelas ações das equipes. Essa seleção criteriosa é o que transforma os KPIs de meros indicadores em poderosas alavancas para mudança e melhoria contínua.

A importância dos KPIs para a avaliação de *performance* dos processos reside em sua capacidade de funcionar como Medidas de Direção, no sentido proposto pelas *Quatro Disciplinas da Execução*. Eles não apenas refletem o estado atual ou passado das operações, mas também orientam as equipes sobre como agir de maneira proativa para influenciar resultados futuros.

Em última análise, os KPIs são instrumentos vitais que, se bem utilizados, podem impulsionar a área de *Legal Ops* em direção ao alcance de seus objetivos mais ambiciosos, além de assegurar que cada ação praticada esteja alinhada com as estratégias maiores da organização.

O treinamento e o desenvolvimento contínuo da equipe também são cruciais na otimização de processos. O time de *Legal Ops* deve estar não apenas familiarizado com os processos existentes, mas também equipado para adaptar-se às novas práticas e tecnologias. Investir em treinamento garante que todos os membros da equipe possam contribuir de maneira eficaz para a melhoria contínua dos processos.

Outro ponto importante é a comunicação. Uma comunicação clara e aberta é vital para o sucesso da otimização de processos. Todos na equipe de *Legal Ops* devem entender não apenas o que está mudando, mas também por que essas mudanças estão sendo feitas e como elas se encaixam na visão mais ampla da organização. Ter essa visão holística é uma habilidade fundamental do profissional de *Legal Ops*.

Adicionalmente, a otimização de processos deve sempre considerar a experiência do usuário final, seja ele um cliente interno ou externo. Processos simplificados e eficientes podem significativamente melhorar a satisfação do cliente e reforçar a imagem do departamento jurídico como um facilitador, não como um obstáculo. Um dos papéis da área de *Legal Ops* é ser um elo entre o departamento jurídico e as demais áreas e clientes, de modo a perceber suas verdadeiras dores e necessidades e assim fornecer as soluções jurídicas adequadas para os clientes, sejam internos ou externos.

Finalmente, é essencial manter uma mentalidade aberta e flexível. O mundo dos negócios e as regulamentações legais estão em constante mudança, e os processos que funcionam hoje podem se tornar obsoletos amanhã. Uma equipe de *Legal Ops* bem-sucedida está sempre pronta para adaptar e refinar seus processos em resposta a novos desafios e oportunidades.

Os processos são, de fato, a engrenagem que impulsiona a área de *Legal Ops*. Por via do mapeamento e da otimização contínua desses processos, essa área pode aumentar significativamente sua eficiência, eficácia e alinhamento com os objetivos estratégicos mais amplos da empresa. A chave para o sucesso está em uma abordagem colaborativa, tecnologicamente informada e focada no usuário, apoiada por uma liderança forte e uma equipe engajada e bem treinada.

2. ESTRATÉGIAS DE IMPLEMENTAÇÃO E MELHORIA CONTÍNUA

Quando se trata da implementação e melhoria contínua de processos na área de *Legal Ops*, é crucial compreender a diferença entre fluxo de processos e fluxo de trabalho. O fluxo de processos refere-se ao conjunto ordenado de atividades estruturadas projetadas para alcançar um objetivo específico. Ele é geralmente mais amplo e pode abranger várias áreas de uma organização.

Já os fluxos de trabalho, ou *workflows*, são as tarefas e atividades diárias que movimentam os processos, frequentemente focadas em ações específicas dentro de um departamento ou equipe.

Os fluxos de processos estão em um nível hierárquico mais estratégico e são pensados e criados de cima para baixo; os gestores de nível estratégico definem as metas crucialmente importantes a serem perseguidas e a área de gestão estratégica, com uma visão holística sobre o negócio, desenha e mapeia os fluxos de processos para o atingimento de tais metas. A partir daí, cada departamento elabora seu próprio fluxo de processos, de modo a definir objetivos próprios, que devem sempre estar alinhados com os objetivos estratégicos da organização.

A materialização desses objetivos estratégicos, definidos em um fluxo de processos, é feita por meio da execução de tarefas diárias e rotineiras do departamento, as quais, em conjunto, levam ao atingimento dos resultados almejados e à realização dos objetivos. Ou seja, os fluxos de trabalho são as medidas, os meios empregados para atingir aquilo que é definido em um fluxo de processos.

A diferenciação entre fluxos de processos e fluxos de trabalho é relevante, pois é preciso compreender como pensar uma estratégia e como executá-la. Na área de *Legal Ops*, a implantação e o aprimoramento de fluxos de processos e de trabalho exigem abordagens distintas.

Os processos em *Legal Ops* podem incluir desde a gestão de contratos até a conformidade regulatória e a resposta a litígios. Cada um desses processos pode envolver múltiplos fluxos de trabalho, cada um com suas especificidades e desafios. Ao implementar novos processos em *Legal Ops*, é vital estabelecer uma estrutura clara, definindo de maneira nítida os objetivos, as etapas necessárias e os responsáveis por cada fase.

Enquanto a implementação prioriza o estabelecimento de novos processos e fluxos de trabalho, a melhoria contínua visa à otimização dos já existentes, conforme visto no tópico anterior. Essa é uma estratégia fundamental em *Legal Ops*, para a qual a eficiência e a precisão são cruciais. A melhoria contínua requer a avaliação constante dos processos e fluxos de trabalho atuais, identificando áreas de ineficiência e implementando soluções para resolver problemas identificados.

Uma das abordagens mais eficazes para a melhoria contínua em *Legal Ops* é a adoção de metodologias ágeis. Elas permitem maior flexibilidade e adaptabilidade, tornando mais fácil ajustar processos e fluxos de trabalho em resposta a mudanças no ambiente regulatório ou nas necessidades da empresa. Isso é especialmente relevante em *Legal Ops*, uma área em que a natureza do trabalho pode mudar rapidamente em resposta a novas leis e regulamentos.

Outra metodologia que permite uma abordagem de ponta a ponta na implantação de processos, e que é perfeitamente adaptável à área de *Legal Ops,* é o ciclo PDCA.

O ciclo PDCA (*Plan-Do-Check-Act*), também conhecido como ciclo de Deming, é uma ferramenta iterativa de quatro etapas utilizada para a gestão e melhoria contínua de processos e produtos. No contexto de *Legal Ops*, o ciclo PDCA pode ser uma ferramenta eficaz para a implantação e o aprimoramento contínuo de processos, ajudando equipes jurídicas a se tornarem mais eficientes, adaptáveis e alinhadas com os objetivos estratégicos da organização.

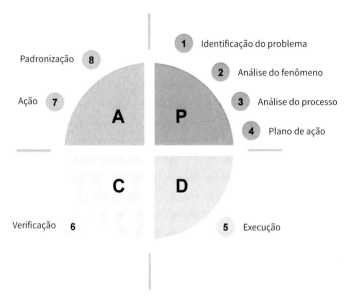

Figura 3.1: Ciclo PDCA.
Fonte: COUTINHO, T. O que é o Ciclo PDCA? Entenda como funciona cada etapa! *Voitto*, 23 jun. 2017. Disponível em: https://voitto.com.br/blog/artigo/o-que-e-o-ciclo-pdca. Acesso em: 23 jan. 2025.

A primeira etapa do ciclo consiste em **planejá-lo** (*plan*). Essa etapa envolve o estabelecimento de objetivos e processos necessários para entregar resultados de acordo com o resultado esperado.

No ambiente de *Legal Ops*, isso pode significar identificar áreas onde os processos jurídicos podem ser otimizados, definindo metas claras para sua melhoria e desenvolvendo um plano de ação detalhado. Essa análise inclui mapear processos existentes, identificar ineficiências, estabelecer KPIs e determinar recursos necessários, conforme visto ao tratar sobre o mapeamento de processos. Nessa fase, é crucial envolver todas as partes interessadas relevantes para garantir que o plano seja abrangente e realista.

Após o planejamento, etapa típica do fluxo de processos, há a fase de **executar, fazer** (*do*) o planejamento. Nessa segunda etapa, os planos desenvolvidos são implementados por meio de atividades ligadas a fluxos de trabalho. Em *Legal Ops*, isso pode incluir a introdução de novas tecnologias, a reestruturação de fluxos de trabalho ou a implementação de novas práticas de gestão de casos. Durante essa fase, é importante manter comunicação clara e contínua para garantir que todos os membros da equipe entendam as mudanças e a maneira como elas se encaixam no processo maior. Além disso, pequenas iterações ou pilotos podem ser realizados para testar a eficácia das mudanças antes de uma implementação completa.

Após a implementação, a terceira etapa envolve **checar** (*check*) se os resultados alcançaram os objetivos originalmente estabelecidos. Isso inclui a análise de KPIs, *feedback* das partes interessadas e qualquer outro dado relevante. Na área de *Legal Ops*, isso pode significar avaliar de que modo as mudanças impactaram a eficiência dos processos, a satisfação do cliente ou o cumprimento regulatório. Essa fase é crucial para entender o sucesso das ações implementadas e identificar áreas que possam precisar de ajustes adicionais.

A última etapa do ciclo PDCA é aquela na qual se **age** (*act*) para fazer os ajustes e correções com base no que foi aprendido na fase de verificação. Se as mudanças atingiram os objetivos desejados, elas podem ser padronizadas e implementadas em uma escala maior. Se os resultados ficaram abaixo do esperado, é importante analisar por que as iniciativas não funcionaram como planejado e o que pode ser melhorado.

Em *Legal Ops*, isso pode significar revisar políticas de gestão de contratos, processos de *compliance* ou procedimentos de litígio.

A aplicação do ciclo PDCA na área de *Legal Ops* facilita uma abordagem metódica para a solução de problemas e a melhoria contínua. Ao iterar regularmente por meio dessas quatro etapas, as equipes jurídicas podem desenvolver uma compreensão mais profunda de seus fluxos de processos e fluxos de trabalho, adaptando-se rapidamente às mudanças no ambiente regulatório e de negócios, de modo a melhor atender às necessidades do departamento jurídico e da organização.

Ademais, o ciclo PDCA promove uma cultura de qualidade e responsabilidade, incentivando todos os membros da equipe a contribuir para a eficiência e a eficácia dos processos jurídicos. Essa abordagem colaborativa e iterativa garante que as operações de *Legal Ops* não apenas atendam às demandas atuais como sejam resilientes e adaptáveis diante de futuros desafios.

Em suma, a implementação e a melhoria contínua de processos em *Legal Ops* são vitais para a eficiência e o sucesso de qualquer organização. Diferenciar fluxos de processos e fluxos de trabalho, saber otimizá-los de modo eficaz e utilizar metodologias adequadas a sua implantação e melhoria contínua é fundamental. Com abordagem e metodologias bem planejadas e implementadas, suportadas pela tecnologia certa e por uma cultura organizacional forte, as equipes de *Legal Ops* podem melhorar significativamente seus processos, tornando-os mais eficientes, eficazes e alinhados com os objetivos estratégicos da empresa.

Capítulo 4
A TECNOLOGIA COMO FERRAMENTA HABILITADORA EM *LEGAL OPS*

1. A EVOLUÇÃO E O ATUAL PANORAMA DAS SOLUÇÕES TECNOLÓGICAS

A evolução das soluções tecnológicas na área jurídica reflete uma jornada significativa, desde o uso inicial de tecnologias simples até a integração complexa de sistemas avançados, concentrados na área de *Legal Ops*.

O início do uso de soluções tecnológicas na área jurídica pode ser traçado pela adoção de computadores pessoais e de sistemas de gerenciamento de documentos. Essas soluções iniciais básicas marcaram o primeiro passo para a digitalização de arquivos e a automação de tarefas administrativas rotineiras.

Nas primeiras fases, as soluções tecnológicas foram aplicadas principalmente em campos como a gestão de registros legais e a pesquisa jurídica. Ferramentas como bases de dados legais e sistemas de indexação ajudaram os profissionais a economizar tempo e aumentar a eficiência ao acessar precedentes legais e legislação relevante. Essas tecnologias fundamentais serviram como alicerce para futuras inovações no setor.

A Terceira Revolução Industrial, assinalada pelo advento da eletrônica, dos computadores e das telecomunicações, impulsionou a adoção de tecnologias mais sofisticadas na área jurídica. *Softwares* de gestão de processos legais e de apoio ao processo de tomada de decisão começaram a ser utilizados com maior frequência, permitindo uma gestão mais eficiente de casos e um melhor suporte na busca de soluções legais.

Avançando para a Quarta Revolução Industrial, caracterizada pela convergência de tecnologias digitais, biológicas e físicas, houve uma transformação significativa na área jurídica, especialmente em *Legal Ops*. Esse período testemunhou o surgimento da Advocacia 4.0, um conceito que reflete a integração de tecnologias como Inteligência Artificial, *Big Data*, *blockchain* e computação em nuvem na prática jurídica. Inovações como essas permitiram a automação de tarefas complexas, assim como a realização de análises preditivas e prescritivas, como a jurimetria, proporcionando maior transparência e segurança à gestão de informações legais.

De fato, a revolução tecnológica, juntamente com o crescimento exponencial na produção de dados, teve um impacto significativo na área de *Legal Ops*, posicionando-a na vanguarda da chamada sociedade da informação. Essa nova era, marcada pela ascensão das telecomunicações e dos sistemas de informática na década de 1970, pavimentou o caminho para inovações que remodelaram radicalmente o campo jurídico.

As novas tecnologias e metodologias permitiram o processamento eletrônico e digital de informações e dados, viabilizando uma comunicação mais pragmática e efetiva, sustentada pelos avanços em microeletrônica, optoeletrônica e multimídia.

Nesse contexto, a gestão de informações e o processamento de dados em *Legal Ops* evoluíram significativamente, enfatizando a melhoria contínua e a integração na maneira como as informações e os dados são adquiridos, armazenados, processados e disseminados. A chamada Quarta Revolução Industrial ou Revolução 4.0 trouxe para a área jurídica uma nova dimensão, na qual o digital se sobrepõe ao físico, colocando a tecnologia no centro das operações legais.

A era da Revolução 4.0 em *Legal Ops* caracteriza-se pela digitalização e virtualização dos processos, empregando intensamente a Inteligência Coletiva e a Inteligência Artificial. Isso resultou em uma significativa onda de automação, não apenas nos fluxos de produção de produtos mas, de forma mais impactante, na prestação de serviços jurídicos. Ocorreu uma mudança paradigmática do *hardware* para o *software*, da produção de tangíveis para a oferta de serviços digitais, e do enfoque em *hard skills* para a valorização das *soft skills* e das *hybrid skills*.

A rápida evolução tecnológica, amplamente exemplificada pela Lei de Moore — segundo a qual o número de transistores em um *microchip* dobra aproximadamente a cada dois anos —, tem sido um fator crítico nessa transformação. A aplicação dessa lei ao campo jurídico significou um aumento exponencial na capacidade e na velocidade das soluções tecnológicas disponíveis para os profissionais de *Legal Ops*.

A mudança acelerada no eixo de relevância do mundo jurídico, pela qual as tradicionais *hard skills* foram deixando de ser o valor primário único de conhecimento e valor, abrindo espaço estratégico para a valorização das *soft skills* e das *hybrid skills,* gerou implicações profundas para o campo jurídico, fazendo da adaptabilidade e da multidisciplinaridade valores fundamentais para a gestão eficiente e eficaz de um departamento jurídico. Essa conjuntura, obviamente, impulsionou a ascensão e o aumento da visibilidade da área de *Legal Ops*, uma vez que não apenas as ferramentas e processos sofreram alterações e inovações, mas também as competências necessárias para navegar no cenário jurídico da Advocacia 4.0.

A habilidade de adaptar-se rapidamente às novas tecnologias, a compreensão profunda dos dados e a capacidade de extrair *insights* relevantes tornaram-se indispensáveis para os departamentos jurídicos inseridos na Advocacia 4.0. Além disso, as *soft skills* — por exemplo, liderança, gestão de mudanças, comunicação

Capítulo 4 • A Tecnologia como Ferramenta Habilitadora em *Legal Ops*

eficaz, resolução de problemas complexos e pensamento crítico – tornaram-se tão cruciais quanto o conhecimento jurídico tradicional (as *hard skills*).

Nesse novo ambiente, o departamento jurídico, por meio da área de *Legal Ops*, deve não apenas responder às mudanças tecnológicas, mas também antecipá-las e moldá-las. A adoção estratégica de soluções tecnológicas pode transformar desafios em oportunidades, permitindo que as equipes jurídicas ofereçam serviços mais eficientes, precisos e personalizados.

No entanto, também é fundamental abordar a resistência às mudanças, frequentemente encontrada em campos tradicionais como o jurídico. Isso exige uma cultura de aprendizado contínuo e abertura à inovação. A mudança de paradigmas no mundo do direito trouxe consigo a necessidade de conhecer tudo em pouco tempo. Cada nova solução tecnológica lançada no mundo jurídico provoca uma explosão de curiosidade e consumismo, como se as novas tecnologias fossem a solução para todos os problemas.

A fixação pelo novo, sem que haja uma racionalização prévia sobre sua eficácia para a solução dos problemas existentes, é conhecida como Síndrome do Objeto Brilhante. Como um gato que não consegue tirar os olhos de algo brilhante que lhe é oferecido, o frenesi pela adoção impulsiva de novas tecnologias sem uma avaliação crítica de sua utilidade e eficácia pode gerar mais angústias e frustrações do que soluções.

A Síndrome do Objeto Brilhante pode deflagrar um ciclo interminável de adoção sem critérios de cada nova solução tecnológica que surja. Esse fenômeno, caracterizado pela atração por novas ferramentas ou plataformas sem uma avaliação adequada de sua utilidade ou eficácia, pode resultar em investimentos desnecessários, em confusão e até mesmo em ansiedade e perturbação da saúde mental entre os profissionais de *Legal Ops*.

O consumismo por soluções tecnológicas é uma condição recente, observada sobretudo após a Quarta Revolução Industrial. A verdade é que ao longo de décadas a área jurídica demonstrou certa resistência à adoção de novas tecnologias, e a percepção e a adoção tardia de soluções tecnológicas podem ser mais bem compreendidas se analisadas à luz da Lei da Difusão da Inovação.

Segundo essa lei, as inovações são adotadas em diferentes velocidades por diferentes segmentos da população. A área jurídica, muitas vezes ancorada por tradições, práticas conservadoras e comportamentos isolacionistas, pode ser categorizada no segmento dos "retardatários". Além disso, a teoria das camadas da cebola explica que a mudança cultural, especialmente em campos tradicionais como o direito, requer a retirada de muitas camadas de práticas e crenças estabelecidas – um processo naturalmente moroso.

O fato é que as mudanças na mentalidade e nas necessidades da área jurídica transformaram completamente o modo como as soluções tecnológicas são percebidas pelos operadores do direito.

O panorama atual reflete a diversidade crescente de ferramentas e plataformas destinadas a otimizar processos, melhorar a eficiência e apoiar a tomada de decisões estratégicas. A oferta inclui sistemas de gestão de contratos, plataformas de *e-discovery*, ferramentas de automação de documentos e soluções de análise de dados. Essas tecnologias têm transformado a maneira como os departamentos jurídicos operam, permitindo uma gestão mais proativa e baseada em dados e oferecendo inúmeras possibilidades para transformar a prática na área.

Quanto às perspectivas futuras, espera-se que a área de *Legal Ops* continue a ser um vetor de inovação, integrando ainda mais soluções tecnológicas avançadas às atividades diárias do departamento jurídico. O uso da Inteligência Artificial e do aprendizado de máquina, por exemplo, deve se expandir, proporcionando *insights* mais profundos, melhorando a previsibilidade nos casos jurídicos e ampliando a eficiência, a precisão e a personalização das atividades desenvolvidas. O avanço do *Legal Ops* na era digital confirma que a chave para o sucesso será uma abordagem equilibrada, que valorize tanto as novas tecnologias quanto as competências humanas fundamentais.

A adoção de tecnologias emergentes, no entanto, deverá ser mais estratégica, focando a complementaridade às habilidades humanas e a contribuição para os objetivos finais do negócio.

Em suma, a evolução das soluções tecnológicas na área de *Legal Ops* não é apenas uma tendência, mas uma necessidade para se manter à frente em um ambiente cada vez mais complexo e dinâmico. O desafio permanece em equilibrar a inovação tecnológica com a prudência estratégica, garantindo que as novas ferramentas sejam utilizadas de maneira a agregar valor real e sustentável aos processos jurídicos, alinhando-se com os objetivos e necessidades específicos da equipe e da organização.

2. IMPLEMENTAÇÃO E GESTÃO DE SOLUÇÕES TECNOLÓGICAS NA ÁREA JURÍDICA

A implementação e a gestão de soluções tecnológicas no direito representam uma mudança paradigmática essencial para a evolução do setor. O *Legal Ops* emerge como área principal e inovadora nesse contexto, desempenhando um papel crítico na adoção de novas tecnologias e transcendendo a gestão tradicional de operações legais; esse setor se torna o catalisador da transformação digital dentro dos departamentos jurídicos.

Sendo a multidisciplinaridade uma das pedras angulares na estrutura do *Legal Ops*, a colaboração entre profissionais do direito, da Tecnologia da Informação e da engenharia é fundamental para a implementação bem-sucedida de soluções tecnológicas. Nesse ambiente colaborativo, profissionais de TI e de engenharia não são vistos como meros coadjuvantes, mas como atores principais que trazem competências e perspectivas únicas, fundamentais para a inovação e a eficiência.

A adaptabilidade é outro valor fundamental da área de *Legal Ops*. Em um cenário jurídico em constante mudança, a capacidade de se adaptar e de responder a novas demandas e tecnologias é crucial. As lideranças em *Legal Ops* desempenham um papel na implementação de soluções tecnológicas, de modo a desmitificar o medo de adotá-las. A liderança é mais eficiente quando orienta pelo exemplo, promovendo uma cultura que valoriza a aprendizagem contínua e a disposição para experimentar e adotar novas abordagens.

A implementação de soluções tecnológicas requer uma compreensão profunda das necessidades específicas do departamento jurídico. O *Legal Ops* atua como ponte entre o direito e a tecnologia, garantindo que as soluções adotadas sejam relevantes, eficientes e alinhadas aos objetivos estratégicos da organização.

No entanto, com o avanço tecnológico na capacidade de armazenamento, no processamento e na análise de dados, cada vez mais os operadores jurídicos se deparam com a delicada situação do tratamento de dados e informações pessoais de terceiros, que muitas vezes são sigilosos e regidos por normas específicas.

Por essa razão, a proteção de dados e informações é um aspecto crucial na implementação de novas soluções tecnológicas na área jurídica. O *Legal Ops* deve garantir que todas as ferramentas e sistemas cumpram rigorosamente as regulamentações de privacidade e proteção de dados, como a Lei Geral de Proteção de Dados Pessoais (LGPD, Lei n. 13.709/2018). A segurança dos dados não é apenas uma exigência legal, mas um elemento-chave para garantir a confiança dos clientes e a reputação da empresa.

Nesse contexto, a governança de dados torna-se um componente essencial da estratégia de *Legal Ops*. Implementar políticas claras de gestão e segurança de dados, treinar a equipe para práticas adequadas de manipulação de informações e monitorar constantemente os sistemas para detectar e responder a possíveis violações são tarefas fundamentais.

O equilíbrio entre inovação e proteção de dados é um desafio constante para *Legal Ops*. A área deve liderar o caminho na exploração de novas tecnologias, como Inteligência Artificial e *blockchain*, ao mesmo tempo que assegura a integridade e a confidencialidade das informações jurídicas.

O equilíbrio passa por uma criteriosa seleção e avaliação de novas tecnologias, de modo a avaliar não apenas a funcionalidade e o desempenho das soluções, mas também sua conformidade com os requisitos legais e éticos. Esse processo exige uma compreensão profunda tanto da tecnologia quanto da legislação aplicável.

A compreensão profunda das soluções tecnológicas demanda sessões regulares de treinamento e reciclagem. Boa parte da área de *Legal Ops* é formada por profissionais do direito, que, historicamente, não têm familiaridade com tecnologia, de modo que a utilização adequada dessas soluções se torna contraintuitiva.

É por isso que o treinamento e o envolvimento dos usuários finais são vitais para o sucesso da implementação de tecnologias na área de *Legal Ops*. Deve-se garantir que todos os membros da equipe jurídica estejam familiarizados com as novas ferramentas, compreendam seus benefícios e saibam como utilizá-las de forma eficaz.

Além disso, a medição do desempenho e o *feedback* contínuo são importantes para o aprimoramento constante. Uma área eficaz de *Legal Ops* deve ser capaz de estabelecer métricas claras para avaliar o impacto das novas tecnologias e utilizar os *insights* obtidos para orientar futuras decisões e melhorias.

Richard Susskind, no livro *O advogado do amanhã*[1], enfatiza a importância da inovação e da adaptação à mudança no mundo jurídico. O autor argumenta que os profissionais do direito devem estar preparados para um futuro em que as tecnologias tradicionais serão substituídas por novas ferramentas e métodos. A área de *Legal Ops* deve estar na vanguarda dessa transformação, guiando o trabalho dos operadores do direito por meio da evolução tecnológica.

Susskind também destaca que a tecnologia oferece oportunidades sem precedentes para melhorar a eficiência e o acesso à justiça, cabendo a *Legal Ops* um papel significativo na realização desses objetivos ao implementar soluções que automatizem tarefas rotineiras, melhorando a análise de dados e facilitando a colaboração dentro da equipe e com as demais áreas e clientes.

No entanto, a adoção da tecnologia na área jurídica não é isenta de desafios. Susskind faz a mesma advertência já destacada neste livro sobre a resistência à mudança, particularmente prevalente em um campo tão tradicional como o direito. Mais uma vez, a área de *Legal Ops*, com sua abordagem multidisciplinar e foco na inovação, pode ajudar a superar essa resistência, promovendo uma cultura mais aberta e adaptável.

A colaboração entre *Legal Ops* e outras áreas da organização é crucial para o sucesso da implementação tecnológica. O compartilhamento de conhecimentos e experiências pode enriquecer o processo de inovação e garantir que as soluções tecnológicas sejam bem integradas aos fluxos de trabalho existentes.

Exemplo comum de colaboração entre *Legal Ops* e outros setores está na gestão integrada de informações financeiras envolvendo processos judiciais, a exemplo dos pagamentos de condenações, custas e demais desembolsos financeiros. Esses processos demandam a integração de fluxos de trabalho, muitas vezes com soluções tecnológicas de uso compartilhado.

Além disso, a gestão de expectativas é fundamental. Ainda que *Legal Ops* deva promover a inovação, é importante manter uma atitude realista acerca do que as novas tecnologias podem e não podem fazer. Estabelecer objetivos claros

---

[1] SUSSKIND, R. *Advogados do amanhã*. Florianópolis: Emais, 2023.

Capítulo 4 • A Tecnologia como Ferramenta Habilitadora em *Legal Ops* 57

e alcançáveis pode ajudar a garantir que as implementações tecnológicas sejam vistas como bem-sucedidas.

Essa análise inicia por conhecer a dor do departamento jurídico: qual área, fluxo de trabalho ou atividade, se incrementada, gerará mais impacto positivo? Essa resposta deve ser o guia na busca e implementação de novas tecnologias.

Já vimos que o avanço das soluções tecnológicas na área jurídica se encontra em uma crescente sem precedentes, com novas soluções surgindo a todo momento. Tentar acompanhar sistematicamente essas soluções e ser guiado pelo fetiche de adquirir o que há de mais moderno gerará nada mais que estresse e angústia, gastos excessivos e pouquíssima eficiência e eficácia, uma vez que demandará treinamento constante, mais períodos de transição entre a tecnologia anterior e a nova, dificultando sensivelmente o desenvolvimento das rotinas diárias de todo o departamento jurídico.

Por isso, quando se trata da gestão de mudanças, principalmente na discussão da implementação de novas soluções tecnológicas, o foco não deve estar no novo e mais moderno recurso ofertado no mercado, mas na necessidade da empresa e do departamento jurídico. É por meio da análise das dores internas que se passa à busca de uma solução tecnológica e não o contrário; o risco a evitar é, além de não solucionar o problema já existente, criar uma dor: aprender a utilizar uma ferramenta que não entrega ao departamento jurídico o que ele precisa.

Em última análise, o futuro da área jurídica será profundamente influenciado pelo modo como as soluções tecnológicas são implementadas e gerenciadas. *Legal Ops* está posicionado de forma única para liderar essa transformação, equilibrando inovação com proteção de dados, eficiência com ética e automação com empatia.

O panorama atual e as perspectivas futuras para a implementação de soluções tecnológicas na área jurídica são promissores, mas requerem uma abordagem cuidadosa e ponderada. Assumindo um compromisso com a multidisciplinaridade, a adaptabilidade e a inovação, *Legal Ops* está no centro dessa transformação, moldando o futuro da prática jurídica em um mundo cada vez mais digitalizado.

À medida que *Legal Ops* avança nessa era digital, a chave para o sucesso será uma abordagem equilibrada, que valorize tanto as novas tecnologias quanto as competências humanas fundamentais.

PARTE II
PESSOAS EM *LEGAL OPS*

Acesse o material suplementar

https://uqr.to/1z01z

Capítulo 5
TREINAMENTO, DESENVOLVIMENTO E GESTÃO DE TALENTOS

1. RECRUTAMENTO, TREINAMENTO E RETENÇÃO

No contexto da gestão estratégica, gerir adequadamente as pessoas é um componente fundamental para impulsionar o sucesso e a inovação dentro de uma organização. Um processo de recrutamento correto, uma cultura de capacitação contínua e o engajamento dos funcionários não apenas aumentam a produtividade e a eficiência como fomentam um ambiente de trabalho colaborativo e motivado, no qual cada membro da equipe se sente valorizado e parte integrante dos objetivos corporativos.

O processo de gestão de pessoas começa justamente no recrutamento. Na dinâmica complexa do mundo corporativo, essa etapa desempenha um papel crucial na constituição e no fortalecimento da equipe, especialmente em *Legal Ops*, que, por ser uma área inovadora, aberta à adaptabilidade e multidisciplinar, não deve se ater aos processos tradicionais de recrutamento e contratação.

Embora o histórico profissional e as habilidades técnicas — *hard skills* — sejam fatores importantes, a ênfase na adequação cultural, conforme proposto por Simon Sinek em seu livro *Comece pelo porquê*, é um elemento decisivo.

Sinek ressalta que as culturas são moldadas por grupos de pessoas que se unem em torno de valores e crenças compartilhados. Esses valores não só influenciam a maneira como as organizações operam, mas também determinam sua identidade e direção. O autor afirma: "Uma empresa é um grupo de pessoas unidas igualmente em torno de um conjunto de valores e crenças. Não são produtos e serviços que a unem. Não é seu tamanho ou potência que a tornam forte. É a cultura compartilhada entre todos, do CEO à recepcionista"[1].

Nesse contexto, a fase de recrutamento em *Legal Ops* deve transcender a simples avaliação das habilidades técnicas e da experiência profissional. É essencial mergulhar na essência do candidato, compreendendo seus valores, motivações e propósito. Afinal, a cultura organizacional é moldada pela interação de

---

[1] SINEK, S. *Encontre seu porquê:* uma forma prática para descobrir o propósito em você e sua equipe. Rio de Janeiro: Sextante, 2018. *E-book.*

indivíduos com uma visão comum, e recrutar pessoas cujos valores se alinham com os da empresa é fundamental para manter e fortalecer essa cultura.

Ao avaliar o *fit* cultural durante o processo de recrutamento, os recrutadores não buscam profissionais competentes pura e simplesmente, mas indivíduos que contribuam de maneira positiva para o ambiente de trabalho e para a consecução dos objetivos organizacionais. A coesão cultural promove maior colaboração, engajamento e senso de pertencimento, elementos essenciais para o sucesso de qualquer equipe, especialmente em uma área tão estratégica como *Legal Ops*.

Além disso, o alinhamento cultural entre o candidato e a empresa tende a resultar em maior satisfação no trabalho e em menor rotatividade de funcionários. Quando compartilham valores e objetivos, os indivíduos se veem mais inclinados a permanecer na organização em longo prazo, contribuindo para sua estabilidade e crescimento contínuo.

O processo de recrutamento de talentos na área de *Legal Ops* com foco no encaixe cultural requer uma abordagem cuidadosa e estratégica, priorizando não apenas as habilidades técnicas, mas também os valores e crenças compartilhados.

Para alcançar esse objetivo, é essencial adotar as melhores práticas, ferramentas e processos disponíveis, sempre levando em conta os quatro valores fundamentais de *Legal Ops*: **adaptabilidade às mudanças, colaboração e formação multidisciplinar, foco no cliente e melhoria contínua**.

Aqui estão algumas recomendações sobre como realizar um recrutamento eficaz, enfatizando o *fit* cultural e os valores próprios da área de *Legal Ops*:

1. **Definição clara dos valores e da cultura organizacional:** antes de iniciar o processo de recrutamento, é fundamental que a empresa e a área de *Legal Ops* tenham uma compreensão clara de seus valores e da cultura organizacional. Isso servirá como guia para avaliar o *fit* cultural dos candidatos, principalmente em relação à adequação às necessidades e valores próprios da área de *Legal Ops*.

2. **Entrevistas comportamentais:** além das entrevistas tradicionais, é recomendável incluir entrevistas comportamentais, nas quais os candidatos sejam questionados sobre experiências passadas que demonstrem seus valores e a maneira como lidaram com situações desafiadoras. Esse subsídio oferece *insights* valiosos a respeito da adequação cultural dos candidatos.

3. **Avaliações de personalidade:** ferramentas de avaliação de personalidade, como o Indicador de Tipos Psicológicos de Myers-Briggs (MBTI) ou o DISC, que significa Dominância, Influência, Estabilidade e Conformidade, podem ser úteis para entender melhor as características individuais dos candidatos e o modo como elas se alinham com a cultura da empresa e com os propósitos e valores da área de *Legal Ops*.

Capítulo 5 • Treinamento, Desenvolvimento e Gestão de Talentos

4. **Testes situacionais:** aplicar testes situacionais que apresentem dilemas éticos ou desafios relacionados ao ambiente de trabalho da área de *Legal Ops* pode ajudar a avaliar como os candidatos lidam com questões específicas, por exemplo, integridade e ética profissional.

5. **Participação de múltiplos *stakeholders*:** envolver membros da equipe, gestores e outros *stakeholders* no processo de recrutamento pode proporcionar uma perspectiva mais abrangente sobre o *fit* cultural do candidato. As opiniões e avaliações desses profissionais podem ser valiosas na tomada de decisões.

6. **Utilização de plataformas de recrutamento especializadas:** existem plataformas de recrutamento especializadas na área de *Legal Ops* que podem ajudar a identificar candidatos com experiência específica nesse campo. Esses canais podem facilitar a busca por profissionais qualificados que se alinhem com a cultura da empresa e com os propósitos e valores da área de *Legal Ops*.

7. **Transparência e comunicação:** ao longo do processo de recrutamento, é importante ser transparente sobre os propósitos, valores e expectativas da empresa e da área de *Legal Ops*, mantendo com os candidatos uma comunicação clara e aberta. Essa postura ajuda a construir confiança e a atrair indivíduos que compartilhem os mesmos valores.

8. **Acompanhamento pós-contratação:** após a contratação, é crucial acompanhar o progresso do novo colaborador e o modo como se integra à cultura organizacional. Essa análise pode ser feita por meio de *feedback* regular, mentorias e programas de integração.

Adotando essas melhores práticas, ferramentas e processos, as empresas podem melhorar significativamente suas chances de recrutar profissionais na área de *Legal Ops* que não apenas tenham as habilidades técnicas necessárias, mas também se encaixem perfeitamente nos valores específicos da área e na cultura organizacional, promovendo assim um ambiente de trabalho positivo e produtivo.

Após definir com clareza os valores e processos necessários para o recrutamento e formar um time adequado para a área de *Legal Ops,* é preciso cumprir o que se propõe. Isso significa que uma cultura de treinamento e reciclagem constantes é o melhor caminho para manter o time focado e preparado para executar suas tarefas com eficiência e eficácia, sempre alinhado com o *fit* cultural e com os quatro valores próprios da área de *Legal Ops.*

A cultura de treinamento constante evita o declínio ético e o distanciamento entre a equipe e o propósito maior da organização e dos valores da área de *Legal Ops*, além de manter todos constantemente atualizados com os melhores conhecimentos e práticas do setor.

Treinar os funcionários envolve mais do que simplesmente proporcionar a eles as habilidades técnicas necessárias para executar suas tarefas. Significa cultivar habilidades de liderança, pensamento crítico e solução de problemas, preparando-os para enfrentar desafios futuros e para contribuir de maneira mais significativa para a estratégia geral da empresa. Um programa de treinamento eficaz deve ser contínuo, adaptável e alinhado com as metas estratégicas da organização.

Treinar não se limita a disponibilizar e ensinar novos conhecimentos e técnicas ou a relembrar e repisar práticas e valores desejáveis; trata-se de engajar as pessoas, de modo a fazê-las perceber e acreditar que aquilo que é ensinado e relembrado não é essencial apenas para a organização, mas também para o desenvolvimento e crescimento pessoal e profissional de cada um.

Funcionários engajados são mais propensos a investir tempo e esforço para alcançar os resultados desejados, mostrando maior lealdade e satisfação no trabalho. O engajamento vai além da mera satisfação do funcionário; cria-se uma conexão emocional com a organização. Os funcionários sentem que seu trabalho é significativo e que suas contribuições são valorizadas.

Andy Grove, no livro *Gestão de alta performance*, destaca a importância desses aspectos, mencionando que as funções básicas de um gestor incluem treinar e engajar os funcionários. Grove enfatiza: "Para ser um bom gestor, é essencial desenvolver pessoas e garantir que estejam engajadas com os objetivos da empresa. O treinamento não é apenas uma atividade adicional; é uma parte essencial das responsabilidades de um gestor"[2]. O autor sugere que os gestores dediquem uma quantidade significativa de seu tempo à capacitação dos colaboradores, garantindo que estes estejam não apenas equipados com as habilidades necessárias, mas também motivados e alinhados com a visão da empresa.

Grove argumenta que o engajamento é uma via de mão dupla:

> Os funcionários precisam sentir que sua contribuição é importante e que eles estão avançando em suas carreiras. Ao mesmo tempo, os gestores devem estar engajados com seus funcionários, entendendo suas necessidades e ambições, e ajudando-os a alcançar seu pleno potencial[3].

Segundo esse autor, o engajamento é construído sobre uma base de comunicação clara, reconhecimento e apoio mútuo entre gestores e membros da equipe. Isso significa que a essência da gestão de alta *performance* reside na habilidade de um gestor para desenvolver eficazmente sua equipe e manter todos engajados e comprometidos com a missão da organização. O sucesso a longo prazo de

---

[2] GROVE, A. *Gestão de alta performance:* tudo o que um gestor precisa saber gerenciar equipes e manter o foco em resultados. Tradução de Cristina Yamagami. São Paulo: Benvirá, 2020.

[3] GROVE, A. *Gestão de alta performance*, cit.

Capítulo 5 • Treinamento, Desenvolvimento e Gestão de Talentos

qualquer estratégia empresarial depende intrinsecamente, como se vê, do desenvolvimento contínuo das habilidades dos funcionários e de seu envolvimento ativo nos objetivos e na cultura da empresa.

Mas não adianta recrutar bem e investir adequadamente em treinamento e engajamento se os gestores de *Legal Ops* não compreenderem a importância de reter os profissionais já aculturados na área e na própria organização.

Na dinâmica competitiva do mundo corporativo, a retenção de bons profissionais na área de *Legal Ops* emerge como prioridade estratégica para os departamentos jurídicos. Entender e valorizar o custo e o impacto da perda de talentos é fundamental para garantir a estabilidade e o crescimento sustentável das organizações.

O processo de recrutamento e treinamento de profissionais qualificados na área de *Legal Ops* é dispendioso em sua essência. Desde a identificação e a atração de candidatos até a integração e a capacitação, são investidos recursos significativos em tempo e dinheiro. Dispensar esses profissionais ou negligenciar sua retenção pode resultar em perdas financeiras substanciais, além de gerar impactos negativos na eficiência operacional e na qualidade do serviço prestado.

A multidisciplinaridade característica da área de *Legal Ops* intensifica ainda mais os desafios associados à retenção de talentos. Os profissionais dessa área frequentemente precisam combinar habilidades jurídicas, tecnológicas, de gestão e de negócios para enfrentar os desafios complexos do ambiente corporativo moderno. Treinar adequadamente indivíduos capazes de desempenhar múltiplas funções, provenientes de diversas áreas científicas, requer um investimento substancial em tempo e esforço.

Diante desse cenário, é imperativo implementar meios e procedimentos que promovam uma cultura organizacional que valorize e promova a retenção de talentos na área de *Legal Ops*. Algumas estratégias eficazes incluem:

1. **Desenvolvimento de plano de carreira:** oferecer oportunidades claras de progresso e desenvolvimento profissional na área de *Legal Ops* pode motivar os colaboradores a permanecer engajados e comprometidos em longo prazo.

2. **Criação de programas de mentoria:** estabelecer programas de mentoria nos quais profissionais mais experientes orientem e apoiem os novos membros da equipe para integrá-los à cultura organizacional, aos valores e necessidades próprios da área de *Legal Ops*, de modo a acelerar seu desenvolvimento profissional.

3. **Promoção de um ambiente de trabalho inclusivo:** cultivar um ambiente de trabalho onde os profissionais se sintam valorizados, respeitados e reconhecidos por suas contribuições pode fortalecer o senso de pertencimento e lealdade à área de *Legal Ops* e à organização.

4. **Incentivo à multidisciplinaridade:** incentivar e estimular os profissionais a saírem de sua zona de conforto, instigando uma cultura de curiosidade e aprendizado em novas áreas do conhecimento, é uma excelente estratégia de retenção de talentos, que também colabora para a eficácia da política de gestão do conhecimento e de qualificação do time.

5. **Oferta de benefícios e incentivos competitivos:** mais do que salários e benefícios competitivos, demonstrar real preocupação com o bem-estar dos colaboradores e enfatizar sua importância para a área pode aumentar a satisfação e o comprometimento desses indivíduos. A possibilidade de teletrabalho, flexibilidade de horários e programas de bem-estar são exemplos de práticas recomendadas.

6. *Feedback* **e reconhecimento regular:** conhecer as dificuldades individuais, fornecer *feedback* construtivo e demonstrar reconhecimento pelo bom desempenho são posturas essenciais para demonstrar interesse individual nos elementos da equipe e representam meios de manter os profissionais motivados e engajados em seu trabalho.

7. **Investimento em educação e desenvolvimento:** oferecer oportunidades de educação continuada e treinamento especializado pode ajudar os profissionais a aprimorar suas habilidades e a se manter atualizados com as tendências e práticas mais recentes da área, proporcionando a eles uma sensação de empoderamento e de melhoria contínua de suas capacidades.

Ao adotar essas medidas, as empresas podem criar um ambiente propício à retenção de talentos na área de *Legal Ops*, reduzindo os custos associados à rotatividade de pessoal e fortalecendo sua capacidade de oferecer serviços de alta qualidade e com valor agregado aos clientes e *stakeholders*. Mais do que um investimento financeiro, a retenção de talentos na área de *Legal Ops*, de reconhecida complexidade multidisciplinar, constitui um investimento estratégico para o sucesso a longo prazo não só do departamento jurídico, mas de toda a organização.

2. CONSTRUINDO EQUIPES DE ALTO DESEMPENHO

Construir equipes de alto desempenho na área de *Legal Ops* é uma tarefa desafiadora, que demanda compreensão profunda dos fatores que impulsionam o sucesso individual e coletivo.

Conforme ressaltado por Andy Grove em seu livro *Gestão de alta performance*, o resultado obtido por um gestor é o somatório das contribuições individuais da equipe. Nesse sentido, é essencial adotar estratégias que visem à maximização dos resultados individuais para alcançar um desempenho excepcional em equipe.

Uma das estratégias fundamentais propostas por Grove é a implementação de metrificações e de formas de mensuração do engajamento pessoal, incluindo reuniões *one-by-one*. Essas reuniões proporcionam um espaço dedicado para discutir o progresso individual, identificar desafios e estabelecer metas específicas de desenvolvimento. Ao fornecer um *feedback* personalizado e direcionado, os gestores podem impulsionar o desempenho individual e, consequentemente, o desempenho geral da equipe.

No mesmo sentido, priorizando o foco nas potencialidades individuais visando à otimização e à maximização dos resultados da equipe, Susan David, em *Agilidade emocional*[4], destaca a importância de desenvolver a capacidade de separar opiniões de fatos e de cultivar um pensamento analítico.

Estimular esse tipo de pensamento durante os processos de tomada de decisão em equipe evita armadilhas cognitivas e promove uma abordagem mais objetiva e eficaz para resolver problemas e alcançar metas.

No cenário dinâmico e desafiador do mundo corporativo, a capacidade de tomar decisões eficazes é essencial para o sucesso de uma equipe e o alcance de seus objetivos. Nesse contexto, o pensamento analítico e a habilidade de separar emoções de opiniões, conforme descrito por Susan David, traz uma autêntica noção de realidade aos fatos, permitindo que o indivíduo analise apenas dados e informações não enviesadas, o que torna o resultado do processo de tomada de decisão muito mais crível e realístico.

O pensamento analítico envolve a capacidade de analisar informações com objetividade, de identificar padrões, de antecipar possíveis consequências e de tomar decisões fundamentadas. Adotando uma abordagem baseada em dados e evidências, os decidir com mais racionalidade e eficácia.

A habilidade de separar emoções de opiniões é crucial para promover a tomada de decisão imparcial e equilibrada. As emoções podem influenciar o julgamento e distorcer a percepção da realidade; é por isso que, ao cultivar a capacidade de reconhecê-las e controlá-las, os membros da equipe podem decidir com maior objetividade e mais alinhados com os objetivos organizacionais.

Quando os membros da equipe praticam o pensamento analítico e são estimulados a separar emoções de opiniões durante o processo de tomada de decisão, diversos benefícios podem ser alcançados.

Em primeiro lugar, as decisões são mais fundamentadas e menos suscetíveis a erros decorrentes de preconceitos pessoais ou influências emocionais. Isso resulta em maior grau de precisão e eficácia nas ações implementadas pela equipe.

---

[4] DAVID, S. *Agilidade emocional*: abra sua mente, aceite as mudanças e prospere no trabalho e na vida. Tradução Claudia Gerpe Duarte e Eduardo Gerpe Duarte. São Paulo: Cultrix, 2018.

Além disso, a prática do pensamento analítico e da separação de emoções de opiniões promove um ambiente de trabalho mais colaborativo e transparente. Os membros da equipe se sentem mais seguros para expressar suas opiniões e contribuir para o processo decisório sabendo que suas ideias serão avaliadas de forma justa e imparcial.

Outro benefício significativo é a melhoria na resolução de problemas e na gestão de crises. Ao adotar uma abordagem analítica e objetiva, a equipe é capaz de identificar rapidamente as causas de um problema e de implementar soluções eficazes para resolvê-lo.

A capacidade de separar emoções de opiniões permite, também, uma gestão mais eficiente das emoções durante momentos de estresse e pressão, facilitando a tomada de decisões assertivas.

Em um nível mais amplo, a prática do pensamento analítico e da separação de emoções de opiniões contribui para o desenvolvimento de uma cultura organizacional baseada na transparência, na ética e na responsabilidade. Os membros da equipe aprendem a valorizar a objetividade e a imparcialidade no processo decisório, promovendo um ambiente de trabalho mais ético e profissional.

O pensamento analítico e a capacidade de separar emoções de opiniões, como descrito por Susan David em *Agilidade emocional*, são fundamentais para otimizar o desempenho e os resultados de uma equipe. Quando adotam essas práticas, os colaboradores podem tomar decisões mais fundamentadas, colaborar com mais eficácia e enfrentar desafios com maior resiliência e assertividade, formando equipes de alto desempenho.

A preocupação de evitar heurísticas e vieses emocionais no processo de tomada de decisões é compartilhada por Daniel Kahneman em sua obra magistral *Rápido e devagar*[5].

Kahneman explora as heurísticas e os vieses cognitivos que influenciam nossas decisões, o que reforça a noção de que compreender os padrões de pensamento enviesados e suas consequências em uma equipe multidisciplinar típica de *Legal Ops* é crucial para identificar e corrigir erros de avaliação. Para evitar que erros como esse prejudiquem a qualidade das entregas e o desempenho geral da equipe, é essencial reconhecer e mitigar os vieses, priorizando as decisões mais informadas e alinhadas com seus objetivos estratégicos.

Em seu livro, Daniel Kahneman desvenda os intrincados mecanismos que moldam nosso processo de tomada de decisão, revelando o impacto significativo das heurísticas e vieses cognitivos em nossas escolhas. As heurísticas (atalhos mentais) e os vieses (distorções sistemáticas de julgamento) são elementos

---

[5] KAHNEMAN, D. *Rápido e devagar:* duas formas de pensar. Tradução Cássio de Arantes Leite. Rio de Janeiro: Objetiva, 2012.

intrínsecos ao funcionamento da mente humana; compreendê-los é fundamental para evitar armadilhas capazes de comprometer a precisão e a racionalidade de nossas decisões, o que prejudica a otimização dos resultados da equipe.

Um exemplo é a heurística da disponibilidade, que leva as pessoas a estimar a probabilidade de ocorrência de um evento com base na facilidade com que conseguem se lembrar de exemplos desse evento. Uma pessoa que assiste a várias reportagens sobre assaltos pode, por exemplo, superestimar a frequência desse crime na área em que vive, mesmo que a taxa real de assaltos seja relativamente baixa.

Outra heurística é a da representatividade, pela qual as pessoas fazem julgamentos com base na similaridade percebida entre uma situação e um estereótipo mental. Por exemplo, alguém pode presumir que um indivíduo com aparência desleixada é desorganizado, mesmo sem dispor de subsídios que fundamentem essa suposição.

Além das heurísticas, os vieses cognitivos desempenham um papel significativo em nossas decisões. Um exemplo é o viés de confirmação: tendemos a buscar, interpretar e lembrar de informações de maneira a confirmar nossas crenças. Por exemplo, um investidor pode ignorar informações negativas sobre as ações de uma empresa na esperança de que seu valor aumente, com base na confiança que deposita na referida companhia.

Outro viés comum é o de ancoragem, pelo qual as pessoas depositam excesso de confiança em uma informação inicial ao tomar decisões subsequentes. Por exemplo, uma pessoa pode fixar o preço de venda de um produto com base no preço inicial sugerido, mesmo que esse preço não seja fundamentado em uma avaliação realista do valor do produto.

Para evitar as armadilhas cognitivas e garantir um processo de tomada de decisão condizente com a realidade dos fatos, é essencial estar ciente desses padrões de pensamento e adotar estratégias para mitigá-los. Isso inclui buscar informações de fontes variadas e questionar nossas suposições e crenças prévias, além de empregar técnicas como a reflexão cuidadosa e a análise crítica para avaliar as opções disponíveis de maneira objetiva e imparcial.

Quando reconhecemos e superamos os efeitos das heurísticas e vieses em nossas decisões, somos capazes de fazer escolhas mais informadas e acertadas, alinhadas com nossos objetivos e com a realidade circundante, maximizando os resultados alcançados pelo time.

Na construção de equipes de alto desempenho, é essencial promover uma cultura de colaboração e aprendizado contínuo. Isso inclui incentivar a troca de conhecimentos e experiências entre os membros da equipe, bem como investir no desenvolvimento profissional de cada indivíduo. Valorizando o crescimento pessoal e profissional dos colaboradores e investindo em seu aperfeiçoamento, as organizações viabilizam a criação de um ambiente que estimula a excelência e a inovação.

A comunicação eficaz também desempenha um papel crucial na construção de equipes de alto desempenho. É importante estabelecer canais de comunicação abertos e transparentes, nos quais os membros da equipe possam compartilhar livremente ideias, *feedback* e preocupações. Esse ambiente promove um senso de pertencimento e comprometimento com os objetivos comuns do time.

Estabelecer uma comunicação eficaz, principalmente quando se trata de processos de gestão e tomada de decisões, é desafiador e merece muita atenção por parte dos gestores e membros de uma equipe de *Legal Ops*, caracterizada pela heterogeneidade multidisciplinar.

Sobre as razões da dificuldade em otimizar a comunicação, vale menção, novamente, a Simon Sinek e seu livro *Comece pelo porquê*. Esse autor analisa a dificuldade que as pessoas enfrentam ao tentar comunicar suas decisões e sentimentos. A complexidade reside na discrepância entre o processo de tomada de decisão e os sentimentos, que ocorre no córtex pré-frontal – parte mais antiga do cérebro humano –, e a linguagem e a comunicação, desenvolvidas no neocórtex.

O córtex pré-frontal é responsável por funções executivas, como a tomada de decisão e a regulação emocional, enquanto o neocórtex é responsável pela linguagem e pela comunicação. Essas duas regiões do cérebro, embora interconectadas, operam de maneira independente, o que dificulta a comunicação eficaz entre nossas emoções e racionalizações.

Essa desconexão neurobiológica impede que as pessoas articulem de maneira clara e precisa os motivos subjacentes às suas decisões e sentimentos. Muitas vezes as escolhas são influenciadas por impulsos emocionais ou instintos inconscientes que não podem ser facilmente traduzidos em palavras.

Isso explica por que nos vemos diante de um desafio significativo quando tentamos expressar nossas motivações e justificar nossas ações de modo compreensível para os outros. É comum as pessoas recorrerem a explicações simplificadas ou superficiais para tentar justificar suas decisões, o que pode provocar mal-entendidos e conflitos interpessoais.

Para superar essa dificuldade, é fundamental desenvolver maior consciência emocional e desenvolver uma capacidade de introspecção mais profunda. Compreender melhor nossos próprios sentimentos e motivações nos possibilita comunicá-los de maneira mais eficaz, mesmo que não sejam totalmente articuláveis em palavras.

Também é importante cultivar uma escuta ativa e empática, permitindo que as pessoas se expressem livremente e a salvo de julgamentos. Isso cria um ambiente de comunicação aberta e genuína, no qual as emoções possam ser compartilhadas e compreendidas de maneira mais autêntica.

A dificuldade em comunicar decisões e sentimentos decorre da complexa interação entre diferentes regiões do cérebro. Desenvolvendo maior consciência emocional e cultivando uma comunicação empática, podemos superar esses obstáculos e construir relacionamentos mais significativos e gratificantes. É responsabilidade do gestor estimular e desenvolver esse padrão de comunicação em sua equipe.

Outro aspecto essencial para a criação e a manutenção de um time de *Legal Ops* de alto rendimento é a definição clara de papéis e responsabilidades dentro da equipe. Quando as tarefas são atribuídas de acordo com as habilidades e experiências de cada membro, é possível otimizar a eficiência e maximizar os resultados.

O capítulo 8, sobre estratégias e planejamento jurídico, discorrerá sobre metodologias e ferramentas da área de gestão de projetos que podem contribuir para a clara definição de papéis e responsabilidades, segundo um planejamento estratégico, em uma equipe jurídica.

Por ora é importante compreender que transparência, objetividade e a clara definição de responsabilidades são papéis fundamentais na formação de equipes de alto desempenho, principalmente em equipes multidisciplinares e que desempenham uma gama de atividades tão diversas como as de *Legal Ops*. É por isso que as metodologias ágeis são uma resposta ideal a essas preocupações.

Diferentemente do modelo tradicional de gestão de projetos, as metodologias ágeis oferecem um *framework* mais flexível e colaborativo, que enfatiza a entrega contínua de valor. Ao incorporar essas metodologias em uma equipe multidisciplinar, que executa uma variedade de tarefas de diferentes áreas de conhecimento, diversos benefícios podem ser alcançados, incluindo a definição mais clara de papéis e responsabilidades, maior transparência, objetividade e a maximização dos resultados da equipe.

Nas metodologias ágeis, os papéis são definidos de modo a promover a colaboração e a autonomia. Por exemplo, o Scrum, uma das metodologias ágeis mais populares, define papéis claros como o *Product Owner*, o *Scrum Master* e o *Team Members*. Cada um deles implica responsabilidades específicas, mas todos trabalham em conjunto para entregar o produto. Esse recurso ajuda equipes multidisciplinares a entender melhor onde suas habilidades e conhecimentos se encaixam no projeto, melhorando a colaboração e a eficiência.

A transparência é um dos pilares fundamentais das metodologias ágeis, e muito pode colaborar com as equipes de *Legal Ops*. Por meio de práticas como *stand-ups* diários, *sprints* e revisões de *sprint*, todos na equipe têm uma visão clara do progresso do projeto, dos desafios enfrentados e das próximas etapas. O resultado é um ambiente onde os problemas são rapidamente identificados e abordados, permitindo que a equipe se ajuste e reaja de maneira eficaz.

A objetividade é alcançada por meio da definição de metas claras e mensuráveis em cada *sprint*. As equipes ágeis trabalham em ciclos curtos de planejamento, execução e avaliação, permitindo que objetivos específicos sejam definidos e avaliados com regularidade. Isso ajuda a equipe a se manter focada nas tarefas mais críticas e a evitar o desperdício de recursos em atividades de baixo valor.

As metodologias ágeis incentivam a entrega contínua de valor, o que permite às equipes demonstrar progresso e obter *feedback* com rapidez e frequência. O ciclo de *feedback* rápido permite ajustes contínuos, garantindo que o produto final atenda às necessidades de áreas clientes e/ou de clientes externos. Além disso, quando divide o trabalho em *sprints*, a equipe pode priorizar tarefas e se adaptar rapidamente às mudanças, maximizando os resultados.

As entregas rápidas, um dos fundamentos das metodologias ágeis, possibilitam que a equipe mostre resultados tangíveis em intervalos curtos de tempo. Essa agilidade não apenas aumenta a satisfação do cliente como motiva o time, que tem a percepção de que seu trabalho é valorizado. Além disso, as entregas frequentes ajudam a identificar e a corrigir desvios rapidamente, garantindo que o produto esteja alinhado com as expectativas do cliente.

A adoção de metodologias ágeis possibilita a uma equipe de *Legal Ops* multidisciplinar melhorar significativamente a definição de papéis e responsabilidades, aumentar a transparência e a objetividade e maximizar os resultados por meio de entregas rápidas e contínuas demonstrações de valor. Como consequência, há maior satisfação do cliente e possibilidade de sucesso do projeto.

Um ponto de muita relevância na criação de equipes de alto rendimento é o estabelecimento de metas SMART (Específicas, Mensuráveis, Atingíveis, Relevantes e Temporais), que ajudam a manter a equipe focada e motivada na busca de seus objetivos.

O capítulo 8, sobre estratégias e planejamento jurídico, demonstrará que as metas SMART são uma ferramenta valiosa para equipes de *Legal Ops* que buscam otimizar seus processos e maximizar resultados.

Neste momento, basta a compreensão de que, ao aplicar essas metas, a equipe de *Legal Ops* pode concentrar seus esforços em áreas críticas, monitorar o progresso de maneira eficaz, ajustar estratégias conforme o necessário e alcançar melhorias significativas nas operações. Isso não apenas otimiza os processos internos como melhora o atendimento ao cliente e a eficiência geral, resultando em uma equipe jurídica mais ágil e produtiva.

A diversidade, por sua vez, também desempenha um papel crucial na construção de equipes de alto desempenho. Reunir indivíduos com experiências, habilidades e perspectivas diversas possibilita às equipes recorrer à criatividade e a inovação para enfrentar desafios complexos. Valorizar e celebrar a diversidade promove um ambiente inclusivo e estimulante para todos os membros do time.

Além disso, é fundamental estabelecer uma cultura de *accountability* na equipe. Isso significa responsabilizar os membros pela qualidade de seu trabalho e pelos resultados alcançados. Quando incorporam um senso de responsabilidade pessoal e coletiva, as equipes são capazes de superar obstáculos e de alcançar um desempenho excepcional.

Por fim, a liderança desempenha um papel central na construção de equipes de alto desempenho. Os líderes devem inspirar e motivar os membros do time, fornecer orientação e suporte e promover um ambiente de confiança e respeito mútuo. Quando demonstram comprometimento com os valores e objetivos da equipe, os líderes inspiram seus colaboradores a darem o melhor de si e a alcançarem seu pleno potencial.

Em suma, construir equipes de alto desempenho na área de *Legal Ops* requer uma abordagem holística, que valoriza o desenvolvimento individual, promove a colaboração e a diversidade, estabelece metas claras e promove uma cultura de *accountability* e liderança eficaz. A adoção dessas estratégias maximiza o potencial da equipe e viabiliza o alcance de resultados excepcionais.

Capítulo 6
COLABORAÇÃO E CULTURA ORGANIZACIONAL

1. FOMENTANDO UMA CULTURA ÉTICA, DE INOVAÇÃO E DE COLABORAÇÃO

No mundo dinâmico do *Legal Ops*, promover uma cultura que valorize a ética, a inovação e a colaboração é fundamental. Esse enfoque não apenas impulsiona a eficiência e a eficácia das atividades jurídicas, mas também sustenta a capacidade de uma organização de se adaptar e prosperar diante dos desafios contemporâneos, sem esquecer de seu porquê e de seus propósitos, mantendo-se centrada em seus valores fundamentais.

Dentro desse contexto, os quatro valores essenciais do *Legal Ops* – adaptabilidade às mudanças, colaboração e formação multidisciplinar, foco no cliente e melhoria contínua – funcionam como pilares para o desenvolvimento de uma cultura focada na ética, na inovação e na colaboração.

No entanto, entender sobre ética, inovação e colaboração em uma organização pressupõe a compreensão do conceito de cultura organizacional.

Cultura organizacional é um conceito complexo que permeia todos os aspectos de uma empresa, influenciando desde as decisões estratégicas até as interações diárias entre os colaboradores. Um dos teóricos mais influentes nesse campo é Edgar Schein, cujas ideias são fundamentais para entender como as organizações funcionam e como podem evoluir. Em sua obra seminal, *Cultura organizacional e liderança*,[1] Schein desvenda as camadas da cultura organizacional e propõe um modelo para sua análise e compreensão.

O autor define a cultura organizacional como um padrão de pressupostos básicos compartilhados que um grupo aprendeu ao resolver seus problemas de adaptação externa e integração interna. Esses pressupostos, por se mostrarem bem-sucedidos o suficiente para serem considerados válidos, são ensinados a novos membros como a maneira correta de perceber, pensar e sentir em relação aos problemas. A cultura organizacional pode ser analisada em três níveis:

---

[1] SCHEIN, E. H. *Cultura organizacional e liderança*. São Paulo: Atlas, 2022.

1º nível – artefatos: o nível mais visível da cultura organizacional inclui tudo o que pode ser visto, ouvido e sentido pela observação direta. Isso engloba a arquitetura do escritório, o código de vestimenta, as publicações da empresa, rituais e cerimônias.

2º nível – valores declarados: o segundo nível diz respeito aos valores e regras de conduta explícitos que os membros da organização afirmam seguir. Esses valores orientam suas decisões, ações e comportamentos, mas pode ser que não estejam sempre alinhados com o que efetivamente é praticado.

3º nível – pressupostos básicos: no nível mais profundo estão os pressupostos e crenças inconscientes, que são dados como certos e por isso atuam como guias do comportamento dos membros da organização sem que eles estejam plenamente cientes disso. Esses pressupostos fundamentais sobre a natureza humana, as relações entre as pessoas e a essência da realidade empresarial formam a base sobre a qual tudo o mais é construído.

Compreendendo melhor o conceito, podemos agora definir uma cultura organizacional ética como aquela em que os pressupostos básicos, os valores declarados e os artefatos refletem princípios éticos sólidos. Isso significa que as práticas éticas não são apenas promovidas em políticas escritas ou discursos, mas estão profundamente enraizadas na maneira como a organização opera diariamente, refletindo seus propósitos e valores.

Na área de *Legal Ops*, tão fortemente influenciada pela heterogeneidade cultural – em razão da multidisciplinaridade própria da área e também pela necessidade constante de troca e aprendizado com diversas áreas da organização e clientes externos –, uma cultura organizacional ética promove a transparência, a integridade e a responsabilidade. Ela encoraja os colaboradores a falar abertamente sobre preocupações éticas e garante a existência de canais efetivos para tratar dessas questões sem temor de retaliação. Essa conjuntura requer uma liderança que não se limite a falar sobre ética, mas também a demonstre por meio de ações, estabelecendo um padrão para todos na organização.

Em seu livro, Schein afirma que desenvolver e manter uma cultura organizacional ética requer esforço contínuo por parte dos líderes. Pensando na área de *Legal Ops*, isso implica:

1. Identificar e comunicar explicitamente os valores éticos como fundamentais para a missão, visão e propósito do departamento jurídico e da empresa.

2. Assegurar que os artefatos da organização e os específicos do departamento jurídico, como políticas e procedimentos, estejam alinhados com esses valores éticos.

Capítulo 6 • Colaboração e Cultura Organizacional

3. Promover e recompensar comportamentos que estejam em consonância com os valores éticos, enquanto ações que os violem são desencorajadas e penalizadas.

4. Fomentar um ambiente em que os pressupostos básicos incluam o respeito mútuo, a justiça e a igualdade.

Uma cultura organizacional ética é aquela que está profundamente enraizada em princípios sólidos, integrados em todos os níveis da empresa. Para desenvolvê-la e preservá-la, é necessário que a liderança da área de *Legal Ops* e, principalmente, os altos cargos da organização mantenham um compromisso constante com a ética.

Por outro lado, vimos anteriormente que a não valorização de uma cultura organizacional ética leva ao chamado declínio ético.

Simon Sinek, em seu livro *Jogo infinito*, introduz o conceito de "declínio ético" como uma erosão gradual e muitas vezes imperceptível dos padrões éticos dentro de uma organização. Esse fenômeno não ocorre da noite para o dia; ao contrário, é o resultado de uma série de pequenas concessões que, ao longo do tempo, são capazes de minar seriamente os valores e princípios que sustentam a integridade de uma empresa ou departamento.

O declínio ético pode começar com decisões que, isoladamente, parecem inofensivas ou justificáveis diante de circunstâncias específicas. Como exemplos temos a aceitação de pequenas imprecisões em relatórios, a justificação de pequenos desvios de conduta em nome de metas de curto prazo ou a negligência em comportamentos questionáveis adotados por colaboradores de alto desempenho.

Na área de *Legal Ops*, esse declínio pode se manifestar na aceitação de práticas que simplificam procedimentos mas comprometem a conformidade legal, ou no descuido em manter a confidencialidade das informações devido à pressão para alcançar resultados rápidos. Com o tempo, assume-se o risco de que essas concessões se tornem a nova norma, corroendo os padrões éticos e alterando a cultura organizacional.

O declínio ético é particularmente prejudicial no contexto do *Legal Ops*, em que a integridade e a adesão aos mais altos padrões legais e éticos não são apenas esperadas como se mostram essenciais para o funcionamento eficaz do departamento e da organização como um todo. A erosão dos princípios éticos pode levar à perda de confiança dos clientes, parceiros e da sociedade. Isso pode resultar em danos à reputação, litígios, sanções regulatórias e uma série de outros problemas legais e operacionais.

Além disso, um ambiente onde o declínio ético é prevalente pode desmotivar os membros da equipe, diminuir o moral e promover um ambiente de trabalho tóxico. Quando percebem que os comportamentos antiéticos são tolerados ou mesmo recompensados, os colaboradores podem se sentir pressionados a adotar essas práticas para avançar ou serem reconhecidos. Essa postura é capaz de provocar uma redução no engajamento, na produtividade e na retenção de talentos.

Para combater o declínio ético, as lideranças, especialmente as que operam na área de *Legal Ops*, devem promover uma cultura de transparência, responsabilidade e comunicação aberta, o que inclui estabelecer políticas claras, oferecer treinamento ético regular, incentivar a denúncia de comportamentos antiéticos e assegurar que haja consequências reais para ações desse tipo. É fundamental que os líderes demonstrem por meio de suas ações e decisões que a integridade e os padrões éticos são inegociáveis. Os líderes devem servir como modelos, reforçando a importância da ética e da conformidade não apenas com palavras, mas com atitudes concretas.

Na seara do fomento a uma cultura organizacional ética, a transparência na comunicação é essencial. Promover um ambiente onde a informação flua livremente entre todos os níveis da organização encoraja a participação e o comprometimento de todos os membros da equipe. Uma comunicação transparente permite que as expectativas sejam claras e que as responsabilidades sejam compreendidas, contribuindo para um ambiente de trabalho mais harmonioso e produtivo. Além disso, garante que todos estejam "na mesma página", reduzindo mal-entendidos e conflitos enquanto facilita a tomada de decisão e a resolução de problemas de modo mais eficaz. Ao promover uma cultura em que a transparência é valorizada, as organizações podem construir uma base sólida de confiança e respeito mútuos, indispensáveis para a colaboração efetiva e a inovação contínua.

Em especial para a área de *Legal Ops*, a transparência na comunicação deve ser algo sempre almejado, por meio da simplificação da mensagem e da exposição clara e imparcial das informações. A Comunicação Não Violenta (CNV) e o *Design* da Informação, no qual se inclui o *Visual Law*, são excelentes ferramentas para esse fim.

Desenvolvida por Marshall Rosenberg em seu livro *Comunicação não violenta*[2], essa abordagem visa estabelecer conexões empáticas e melhorar a eficácia da comunicação. A CNV se concentra em expressar honestamente nossas próprias necessidades e sentimentos sem atacar ou culpar os outros, e em ouvir com empatia as necessidades e sentimentos alheios. Ela se baseia em quatro componentes-chave:

---

[2] ROSENBERG, M. B. *Comunicação não violenta:* técnicas para aprimorar relacionamentos pessoais e profissionais. Tradução Mário Vilela. São Paulo: Ágora, 2021.

Capítulo 6 • Colaboração e Cultura Organizacional

1. **Observação:** descrever a situação de maneira objetiva, sem julgamentos ou interpretações, concentrando-se apenas nos fatos observáveis.
2. **Sentimentos:** expressar os sentimentos desencadeados pela situação observada, utilizando palavras que referenciem emoções diretas e evitando suposições ou acusações.
3. **Necessidades:** identificar e expressar as necessidades, valores ou desejos que estão por trás dos sentimentos. Essa atitude requer uma compreensão profunda de si mesmo e dos outros, reconhecendo que todas as ações são tentativas de atender a necessidades específicas.
4. **Pedidos:** fazer pedidos claros, específicos e acionáveis em vez de exigências. Os pedidos devem ser formulados de maneira que a outra pessoa possa responder livremente.

A implementação dessa abordagem promove uma comunicação mais clara, respeitosa e construtiva. Concentrando-se nas necessidades e sentimentos, sem emitir julgamentos ou culpabilizar, os interlocutores podem encontrar terreno comum e chegar a soluções mutuamente satisfatórias.

Por sua vez, o *Design* da Informação é uma disciplina que trata da apresentação de informações de maneira que facilite a compreensão. Seu objetivo é tornar os dados acessíveis e compreensíveis para o público-alvo, utilizando para tanto princípios de *design* visual, organização da informação e psicologia cognitiva. Os elementos fundamentais do *Design* da Informação incluem:

1. **Clareza:** a informação deve ser apresentada de maneira clara e direta, evitando ambiguidades e, sempre que possível, simplificando conceitos complexos.
2. **Organização:** a informação deve ser estruturada de forma lógica, com uma hierarquia clara, que guie o leitor intuitivamente através do conteúdo.
3. **Acessibilidade:** o *design* deve considerar a diversidade do público, assegurando que a informação seja acessível a pessoas com diferentes níveis de conhecimento, capacidades e condições de acesso.
4. **Estética:** além de funcional, o *Design* da Informação deve ser visualmente agradável, o que pode aumentar o engajamento do usuário e facilitar a absorção da informação.

Ao combinar os princípios da CNV com as técnicas do *Design* da Informação, a área de *Legal Ops* pode desenvolver uma comunicação mais transparente, fluida e eficaz. A CNV ajuda a assegurar que a mensagem seja expressa de forma respeitosa e empática, enquanto o *Design* da Informação garante que essa mensagem seja apresentada de maneira clara e compreensível.

Em uma situação de conflito, por exemplo, um líder pode usar a CNV para expressar suas observações, sentimentos, necessidades e pedidos com uma abordagem não confrontadora. Ao mesmo tempo, ele pode utilizar o *Design* da Informação para preparar materiais de suporte que apresentem os pontos-chave da discussão de modo organizado e acessível, facilitando a compreensão e a resolução do conflito.

Na área jurídica, o *Visual Law* representa uma evolução significativa na maneira como as informações legais são comunicadas, configurando uma interseção entre o *Design* da Informação e o direito e trazendo elementos típicos da eficácia da CNV. No âmbito da área de *Legal Ops*, onde a eficiência, a clareza e a eficácia da comunicação são fundamentais, a adoção do *Visual Law* pode trazer benefícios consideráveis.

O *Visual Law*, ao incorporar princípios do *Design* da Informação, transforma textos jurídicos complexos em informações mais acessíveis e compreensíveis. Para atender a esse objetivo, pode-se usar infográficos, fluxogramas, ícones e outros elementos visuais para representar processos, leis e procedimentos. Essa abordagem não apenas facilita a compreensão dos temas tratados como agiliza a tomada de decisões e a execução de tarefas nos departamentos de *Legal Ops*.

Além da sinergia com o *Design* da Informação, o *Visual Law* está alinhado com os princípios éticos da CNV. Ao simplificar a linguagem jurídica e apresentá-la de maneira mais amigável, o *Visual Law* contribui para uma comunicação mais empática e menos intimidadora, contribuindo para uma cultura mais inclusiva. Isso é especialmente relevante em contextos nos quais as informações legais precisam ser compartilhadas com partes não jurídicas, facilitando o diálogo e reduzindo a possibilidade de conflitos.

No contexto do *Legal Ops*, a eficiência operacional é uma prioridade. O *Visual Law*, ao facilitar a compreensão das informações jurídicas, permite que as equipes multidisciplinares trabalhem com maior sinergia. A clareza proporcionada pelos recursos visuais ajuda a alinhar os objetivos entre diferentes departamentos, contribuindo para o fomento de um ambiente colaborativo e produtivo.

No âmbito do *Legal Ops*, em que a ética, a clareza, a eficiência e a colaboração são essenciais, o *Visual Law* surge como uma ferramenta poderosa. Integrando princípios do *Design* da Informação e da CNV, essa abordagem não apenas simplifica a comunicação de informações jurídicas como as torna mais éticas, por meio de sua simplificação e acessibilidade.

A implementação do *Visual Law* pode levar a uma transformação positiva na maneira como as equipes legais operam e interagem com o restante da organização, promovendo maior compreensão, eficácia e harmonia no ambiente de trabalho. Adotar essas abordagens permite que não só as áreas de *Legal Ops* como as

Capítulo 6 • Colaboração e Cultura Organizacional

organizações como um todo promovam um ambiente mais aberto, empático e compreensível, que contribui para a melhora das relações interpessoais e assegura eficiência e eficácia na realização de objetivos comuns.

De fato, ao tornar as informações mais claras, o *Visual Law* alinha o departamento jurídico com os melhores valores éticos que uma organização pode cultivar, ajudando a minimizar mal-entendidos e a promover a integração entre as equipes.

Um ponto extremamente importante quando se trata de cultivar e de manter uma cultura organizacional pautada em comportamentos e valores éticos é a incorporação e manutenção da diversidade nas equipes de *Legal Ops*. A diversidade não apenas enriquece a colaboração, mas também fomenta uma cultura de inclusão e respeito, sendo uma fonte rica de inovação e a chave para identificar e implementar soluções éticas e eficazes.

A diversidade não deve ser pautada apenas pelo aspecto do gênero e da etnia, lastreando-se em conhecimentos e culturas. Em uma área marcada pela multidisciplinaridade e por exercer uma gama multifacetada de atividades, atendendo múltiplos clientes internos e externos, a diversidade de pensamentos, ideias e culturas é fator fundamental para gerar valor e possibilitar soluções diversas. A heterogenia de conhecimentos e origens da área de *Legal Ops* é um de seus maiores valores.

Além da ética, a área de *Legal Ops* deve desenvolver e manter uma cultura organizacional voltada à inovação. Essa abordagem, alimentada pela ética, pela colaboração e orientada para o cliente, é o que possibilita o avanço e a diferenciação no campo do *Legal Ops*. A adoção de novas tecnologias e metodologias não é uma questão de eficiência simplesmente; trata-se de um compromisso com a prestação de serviços jurídicos que refletem os mais altos padrões éticos e profissionais.

O conceito de inovação é fundamental em diversas áreas do conhecimento, especialmente na gestão empresarial e, de forma mais específica, em *Legal Ops*. Trata-se do processo de implementar novas ideias, criar produtos ou melhorar serviços existentes. A inovação é o motor por trás do crescimento e da eficiência nas organizações, incluindo aquelas que atuam no campo jurídico.

Em *Legal Ops*, a inovação é fundamental para se manter à frente em um ambiente que está sempre mudando e que se torna cada vez mais competitivo. As metodologias e práticas nesse campo são influenciadas tanto pela inovação radical quanto pela incremental.

A inovação radical representa uma quebra significativa em relação ao estado atual das coisas; é a disrupção. No contexto do *Legal Ops*, pode ser exemplificada pela adoção de uma nova tecnologia que muda completamente a maneira como os serviços legais são entregues ou como os dados são analisados. A implementação de Inteligência Artificial para análise preditiva em casos jurídicos ou a automatização completa de certos processos legais seriam consideradas inovações radicais. Elas não apenas alteram o fluxo de trabalho existente como podem criar modelos de negócios ou mudar a estrutura do mercado legal.

Já a inovação incremental envolve melhorias menores e mais contínuas em produtos, serviços ou processos, mas não cria algo completamente novo; ela não é disruptiva. No domínio do *Legal Ops*, isso poderia significar aprimoramentos sistemáticos nos *softwares* de gestão de casos, refinando procedimentos internos para aumentar a eficiência, ou a introdução de ferramentas de automação que auxiliam no processamento de documentos. Embora cada inovação incremental possa parecer pequena por si só, ao longo do tempo elas podem resultar em melhorias significativas na eficiência e eficácia das operações jurídicas.

Importante destacar que, usualmente, os escritórios de advocacia e departamentos jurídicos que adotam inovações radicais buscam uma transformação completa de seus processos. Essa visão pode envolver a reestruturação de equipes, a adoção de novas tecnologias disruptivas e mudanças na forma de interação com os clientes. O objetivo é não apenas melhorar a eficiência, mas também oferecer serviços distintos e mais eficazes que se destaquem no mercado. No entanto, inovações como essas podem apresentar riscos mais significativos e exigir investimentos substanciais de tempo e recursos.

O que se observa é que, no cotidiano, as principais inovações na área de *Legal Ops* se são incrementais devido a sua natureza menos disruptiva e ao menor risco associado. Isso inclui a adoção de melhores práticas, a otimização contínua dos processos existentes e a implementação de melhorias tecnológicas de menor dimensão. Essa abordagem possibilita que os departamentos jurídicos melhorem continuamente suas operações sem grandes ameaças, mantendo-se adaptáveis e eficientes ao longo do tempo.

Ambos os tipos de inovação são cruciais para o desenvolvimento e a competitividade da área de *Legal Ops*, permitindo a melhoria contínua no desenvolvimento de suas atividades e uma entrega e percepção de valor, para os clientes, muito mais ágil e eficaz.

Enquanto a inovação radical pode posicionar uma organização à frente de seus concorrentes de maneira mais dramática, a inovação incremental ajuda a manter a eficiência e a satisfação do cliente no dia a dia. Os escritórios de advocacia e os departamentos jurídicos mais bem-sucedidos costumam encontrar o equilíbrio entre ambas, integrando novas soluções revolucionárias com melhorias contínuas para se manterem relevantes e eficientes em um ambiente em constante evolução.

No entanto, para que o processo de inovação consiga fluir e encontre terreno fértil na cultura organizacional da área de *Legal Ops*, a adaptabilidade é a pedra

Capítulo 6 • Colaboração e Cultura Organizacional

angular. No setor jurídico, onde regulamentos e leis estão em constante evolução, a capacidade de se ajustar rapidamente é indispensável. Uma cultura que promove a flexibilidade e a resiliência incentiva a equipe a encarar as mudanças não como obstáculos, mas como oportunidades para inovar e melhorar.

Uma cultura flexível e adaptável é a mola mestra para a busca pela melhoria contínua, um comportamento que permite que a inovação floresça. Em *Legal Ops*, essa atitude se traduz em revisar e aperfeiçoar processos e soluções tecnológicas regularmente. Práticas como essas não apenas aumentam a eficiência e a eficácia operacional como instilam uma ética de trabalho focada na excelência e na responsabilidade.

Por fim, não é possível falar em uma cultura organizacional inovadora sem mencionar o papel da tecnologia nesse movimento. A tecnologia, quando empregada estrategicamente, pode ser uma grande facilitadora da cultura de inovação e colaboração. Ferramentas digitais e plataformas de colaboração permitem uma comunicação mais eficiente e a otimização de processos, apoiando a melhoria contínua e a entrega de valor ao cliente.

Como visto, uma cultura organizacional ética e inovadora traz enormes benefícios e vantagens competitivas para a área de *Legal Ops*. Porém, para que o comportamento ético e inovador seja disseminado na equipe e ampliado para as relações desenvolvidas com os clientes internos e externos, é preciso existir uma cultura colaborativa.

A colaboração é vital para transcender os silos tradicionais dentro do departamento jurídico e entre as demais áreas da empresa, de modo a facilitar a integração de conhecimentos e habilidades variadas. Em *Legal Ops*, a formação de equipes multidisciplinares é essencial para uma abordagem holística dos desafios, na qual a diversidade de perspectivas fomenta soluções inovadoras e éticas alinhadas com os interesses mais amplos da organização.

A abertura para a formação de equipes multidisciplinares não apenas enriquece a perspectiva dentro do departamento jurídico como potencializa a colaboração com outras áreas da empresa, a exemplo de finanças, RH e TI. Esse entrelaçamento de conhecimentos e competências assegura que a área de *Legal Ops* esteja integrada aos objetivos mais amplos da organização, contribuindo assim para um ambiente de trabalho sinérgico e eficiente.

Outra maneira fundamental de compreender como o comportamento colaborativo pode amplificar práticas éticas e inovadoras é uma mudança no modo como se desenvolve o relacionamento com os clientes. Partindo de uma relação com o olhar na perspectiva e nos interesses da área de *Legal Ops*, evolui-se para um vínculo muito mais colaborativo, uma verdadeira relação de ganha-ganha, com resultados mais positivos.

Em *Legal Ops*, essa postura implica desenvolver soluções jurídicas que não só resolvam problemas imediatos como contribuam para o sucesso no longo prazo dos *stakeholders* internos e externos. Uma cultura que prioriza o cliente promove a ética, já que as soluções propostas devem sempre visar ao bem-estar e ao sucesso do cliente, acima de interesses isolados.

Uma análise interessante da cultura colaborativa, focada na melhoria da satisfação e dos resultados entregues aos clientes, é descrita por Richard Susskind em *Advogados do amanhã*. Nesse livro, o autor explora as transformações no setor jurídico impulsionadas pela tecnologia, enfatizando três tipos principais de mudanças na prestação de serviços jurídicos, que se mostra muito mais colaborativa. Essas transformações são um reflexo da necessidade crescente de serviços mais eficientes, acessíveis e alinhados com as expectativas modernas das pessoas.

A primeira mudança destaca a evolução partindo de um modelo tradicional, altamente personalizado e baseado em horas de trabalho, para um perfil mais diversificado, que incorpora soluções tecnológicas. Essa mudança envolve a adoção de automação, inteligência artificial e plataformas *online* para realizar tarefas como análise de documentos, pesquisa legal e até mesmo certos aspectos do aconselhamento jurídico. Essa abordagem não apenas reduz o tempo necessário para realizar tarefas repetitivas como aumenta a acessibilidade e a eficiência dos serviços jurídicos, diminuindo os custos envolvidos. Trata-se de uma clara mudança colaborativa, uma vez que se passa a entregar mais e melhores serviços por um custo menor.

A redução nos custos pode implicar uma mudança direta no modelo de cobrança: as tradicionais faturas por hora, que nem sempre refletem o valor real entregue ao cliente, tendem a ser substituídas por sistemas mais alinhados com o valor proporcionado, por exemplo, preços fixos, assinaturas ou cobranças baseadas em resultados. Esse enfoque incentiva os prestadores de serviços jurídicos a se concentrarem na eficiência e no resultado em vez de simplesmente aumentar as horas de trabalho. Além disso, proporciona aos clientes uma previsibilidade maior dos custos e alinha melhor os interesses entre clientes e prestadores de serviços, em uma clara cultura colaborativa entre as partes.

Toda essa mudança comportamental é acelerada pela penetração da tecnologia na prestação dos serviços jurídicos, promovendo uma tendência colaborativa, na qual a partilha de informações, a comunicação e o trabalho conjunto entre advogados, clientes e até mesmo máquinas se torna a norma. Essa colaboração é facilitada por plataformas tecnológicas que possibilitam uma comunicação mais eficiente e o acesso a grandes volumes de informação jurídica. A tecnologia também viabiliza novas formas de trabalho, como equipes jurídicas virtuais e serviços legais *online*, capazes de oferecer maior flexibilidade e redução de custos tanto para os prestadores quanto para os consumidores dos serviços jurídicos.

A transição de um modelo baseado em horas para outro centrado no valor e na eficácia constitui manifestação de uma tendência colaborativa no setor jurídico, impulsionada pela tecnologia, que busca democratizar o acesso à

Capítulo 6 • Colaboração e Cultura Organizacional

justiça e tornar os serviços jurídicos mais acessíveis e adaptados às necessidades dos clientes.

A mudança na prestação de serviços jurídicos descrita por Richard Susskind reflete a adaptação às novas tecnologias e também uma resposta às exigências de um mercado em evolução, que demanda maior comprometimento com práticas e valores ético que traduzam a melhoria contínua, sempre buscando uma cultura de colaboração. O objetivo é fomentar relacionamentos focados no ganha-ganha e com maior percepção de entrega de valor.

Capítulo 7
PARCERIAS ESTRATÉGICAS E GESTÃO DE FORNECEDORES

1. SELEÇÃO E GERENCIAMENTO DE PARCEIROS EXTERNOS

No campo do *Legal Ops*, a construção de parcerias estratégicas com fornecedores externos é fundamental para otimizar operações, reduzir custos e aprimorar a eficiência dos serviços jurídicos. Por isso é preciso entender a importância dessas parcerias, saber como desenvolvê-las e escolher serviços adequados para terceirizar, além de ponderar os prós e contras dessa estratégia, de modo a criar um padrão de escolha que permita selecionar os melhores parceiros e gerenciar essas relações de forma eficaz.

Em *Legal Ops*, parcerias estratégicas com fornecedores externos são cruciais para alcançar maior eficiência operacional. Essas parcerias permitem que os departamentos jurídicos se concentrem em suas competências centrais, enquanto tarefas mais rotineiras ou especializadas são delegadas a parceiros que possuem recursos e *expertise* específicos. Isso não apenas aumenta a qualidade dos serviços jurídicos como permite uma alocação mais estratégica de recursos internos.

Para ilustrar a descentralização da execução de atividades jurídicas não essenciais, podemos citar os exemplos mencionados por Richard Susskind em *Advogados do amanhã*. No livro, Susskind discute diversos caminhos pelos quais as atividades jurídicas podem ser delegadas ou reestruturadas à medida que o setor evolui em resposta às novas tecnologias e expectativas dos clientes. Exploro a seguir alguns dos conceitos mais significativos apresentados pelo autor sobre a delegação de atividades jurídicas.

1. **Terceirização (*Outsourcing*):** Susskind destaca a terceirização como estratégia eficaz para reduzir custos e aumentar a eficiência. Ele sugere que tarefas menos complexas e mais rotineiras podem ser delegadas a fornecedores externos ou a centros de serviços especializados, muitas vezes localizados em regiões com menor custo de mão de obra. Isso não apenas reduz o custo como permite que os advogados internos se concentrem em questões mais estratégicas e de maior valor.

2. **Automatização:** a automação é outra área fundamental discutida por Susskind, já que tarefas repetitivas e baseadas em regras podem ser automatizadas por meio de *softwares*. Isso inclui desde a automação de

documentos até o uso de Inteligência Artificial para análise preditiva em litígios. A automação pode aumentar significativamente a produtividade e reduzir os erros humanos.

3. **Subcontratação (*Subsourcing*):** Susskind aborda a ideia de subcontratação ou *Subsourcing,* pela qual partes específicas de um trabalho jurídico são encomendadas a especialistas, muitas vezes *ad hoc*. Isso é particularmente útil para casos que requerem uma especialização nichada, que o corpo jurídico interno pode não ter.

4. ***Multi-sourcing*:** o *Multi-sourcing* é uma abordagem na qual diferentes aspectos de serviços jurídicos são delegados a vários fornecedores, cada um especializado em uma área particular. Isso permite que as organizações aproveitem as melhores competências de diversos fornecedores, garantindo assim uma cobertura mais ampla e especializada das necessidades jurídicas.

5. ***Relooking*:** esse é o conceito que Susskind utiliza para descrever a revisão e a reestruturação de processos jurídicos. Envolve reavaliar as maneiras tradicionais de trabalhar e introduzir novas práticas e tecnologias para melhorar a eficiência e a eficácia dos serviços jurídicos, podendo tais atividades ser desempenhadas por meio da delegação para empresas especializadas nesse tipo de revisão.

6. **Desagregação:** finalmente, a desagregação, um tema recorrente nas obras de Susskind, envolve a divisão do trabalho jurídico em componentes menores que podem ser tratados com mais eficiência. Por exemplo, a revisão inicial de documentos pode ser realizada por um *software* de IA, enquanto a análise mais profunda é reservada para advogados especializados, sendo todas essas atividades passíveis de delegação para parceiros externos.

Cada um desses métodos tem o potencial de transformar significativamente as operações jurídicas, trazendo maior eficiência e adaptabilidade, além de reduzir custos. Ao abraçar essas formas de delegação, as práticas jurídicas podem se posicionar de modo mais competitivo e ágil no mercado moderno. Em *Advogados do amanhã*, Susskind efetivamente mapeia um futuro no qual a delegação e a tecnologia desempenham papéis cruciais na evolução do setor jurídico.

Após compreender a importância de construir relações estratégias com parceiros externos para a execução de atividades jurídicas delegáveis e entender melhor os modos como essas atividades jurídicas podem ser delegadas, passamos ao entendimento de como escolher, iniciar e desenvolver essas parcerias estratégicas.

Em primeiro lugar, é preciso compreender e comunicar com clareza os objetivos do departamento jurídico e a identificação de quais áreas necessitam de suporte externo. A partir daí, é fundamental realizar um mapeamento detalhado

Capítulo 7 • Parcerias Estratégicas e Gestão de Fornecedores

do mercado para identificar fornecedores que compartilhem dos valores da empresa e possam atender às necessidades específicas.

A escolha dos serviços jurídicos aptos a terem sua execução delegada deve considerar quais atividades são padronizáveis e menos estratégicas. Como exemplo, podemos mencionar o processamento de documentos, o suporte em litígios de baixa complexidade e a gestão de contratos. Por outro lado, atividades que exigem um conhecimento profundo do negócio ou que são críticas para a estratégia da empresa geralmente são mantidas nos quadros internos.

Falando especificamente da terceirização, uma vez que se trata da modalidade de delegação de serviços jurídicos mais comum no Brasil, ela oferece diversas vantagens, como o acesso a tecnologias avançadas e a *expertises* que talvez não estejam disponíveis internamente. Ela também pode proporcionar uma significativa redução de custos, já que elimina a necessidade de manter permanentemente uma equipe grande e diversificada. Além disso, permite a escalabilidade dos serviços jurídicos conforme as necessidades do negócio.

Contudo, a terceirização também apresenta desvantagens. A dependência de terceiros pode gerar riscos relacionados à confidencialidade e à segurança da informação. Pode implicar, ainda, desafios na integração entre as práticas do fornecedor e os processos internos da empresa, resultando em atritos e possíveis ineficiências.

Diante desse cenário, criar e manter processos internos de comunicação padronizáveis e replicáveis, com adaptações, quando necessário, a quaisquer parceiros traz mais agilidade, confiabilidade e segurança à transmissão das informações, diminuindo os atritos entre o departamento jurídico e o parceiro externo.

Já a seleção de parceiros adequados é um processo que deve incluir uma análise rigorosa das credenciais do fornecedor, de sua estabilidade financeira, da reputação de que desfruta no mercado e da compatibilidade cultural com a organização. É recomendável que haja visitas, entrevistas detalhadas e que, se possível, os serviços possam ser testados antes de se formalizar a parceria.

É muito importante que o parceiro externo tenha clareza sobre as reais necessidades e expectativas do departamento jurídico, de modo a compreender desde o início da relação que não se trata de entregar um serviço que o parceiro ache adequado, mas que atenda às necessidades e expectativas do departamento jurídico contratante.

Essa clareza e franqueza de objetivos e expectativas permitirão criar uma parceria eficiente. Para tanto, é essencial que haja clareza contratual sobre os papéis e responsabilidades de cada parte. Acordos de nível de serviço (SLAs) detalhados e métricas de desempenho claras são fundamentais para assegurar que os resultados esperados sejam alcançados e mantenham um padrão de qualidade.

Como se pode perceber, a gestão eficaz de parcerias envolve monitoramento contínuo e comunicação regular. É vital estabelecer pontos de contato dedicados tanto na empresa quanto no fornecedor a resolver rapidamente questões operacionais e estratégicas. Avaliações periódicas de desempenho baseadas em dados concretos ajudam a garantir que a parceria esteja alinhada com os objetivos estratégicos da empresa.

Uma parceria estratégica bem-sucedida também deve focar a inovação e a melhoria contínua. Isso pode ser alcançado por meio de uma colaboração estreita, na qual o fornecedor não apenas atenda às necessidades como contribua com ideias e soluções que possam melhorar os processos jurídicos e operacionais.

Porém, é muito provável que, ao longo da parceria, ocorram desencontros e até mesmo eventuais conflitos de interesses. Ter isso em mente é fundamental para, de antemão, estabelecer mecanismos eficazes para a resolução de conflitos, o que inclui procedimentos claros e justos para lidar com disputas ou insatisfações de ambas as partes. Isso assegura que eventuais problemas sejam resolvidos de maneira construtiva, mantendo a integridade da parceria.

As parcerias estratégicas no campo de *Legal Ops* são fundamentais para maximizar a eficiência, reduzir custos e melhorar o desempenho. Uma seleção criteriosa de parceiros, gestão eficaz e foco em melhoria contínua são essenciais para o sucesso dessas colaborações. Ao investir em relações estratégicas sólidas com fornecedores externos, departamentos jurídicos podem não apenas melhorar suas operações, mas também contribuir significativamente para o sucesso geral da empresa.

2. AVALIAÇÃO DE DESEMPENHO DOS PARCEIROS EXTERNOS

Em toda parceria, seja ela afetiva, pessoal ou de trabalho, de tempos em tempos precisamos avaliar o proveito do elo gerado, de modo a analisar e depois concluir se vale a pena ou não manter esse vínculo, se essa parceria está, de fato, agregando e gerando valor. Isso vale para ambos os lados, pois as parcerias eficazes são aquelas que estabelecem uma relação de "ganha-ganha".

No contexto corporativo, a avaliação de desempenho e resultados de um parceiro externo serve para avaliar o proveito e os valores gerados pela parceria, sendo crucial para medir e garantir que as operações estejam alinhadas com os objetivos estratégicos da empresa. As métricas de desempenho, historicamente desenvolvidas e refinadas por pensadores como Peter Drucker, Andy Grove e John Doerr, tornaram-se ferramentas essenciais para a gestão e otimização contínua da *performance* empresarial.

As métricas de desempenho e resultados são indicadores quantitativos e qualitativos utilizados para mensurar a eficácia e eficiência de uma operação ou indivíduo em alcançar objetivos definidos. Peter Drucker, um dos pioneiros na gestão moderna, introduziu o conceito de "gerenciamento por objetivos" nos anos 1950, estabelecendo a base para o uso de metas específicas na avaliação de desempenho. Drucker enfatizava que tudo que pode ser medido pode ser gerenciado, destacando a importância de objetivos claros e mensuráveis.

Em meados dos anos 1970, Andy Grove, ex-CEO da Intel, adaptou e expandiu esses conceitos ao implementar o que chamou de *Objectives and Key Results* (OKRs). Grove estabeleceu metas claras e ambiciosas em níveis múltiplos da organização, acompanhadas de resultados-chave que fornecem passos mensuráveis para atingir esses objetivos. Essa metodologia ajudou a Intel a se adaptar rapidamente às mudanças do mercado – externalizada pela entrada massiva da competitiva indústria japonesa de microprocessadores no mercado norte-americano – e a manter um alinhamento estratégico entre diferentes níveis da empresa.

Seguindo e refinando os ensinamentos de Grove, John Doerr, um dos maiores discípulos de Andy Grove e "evangelizador" dos OKRs, introduziu essas ideias no Vale do Silício, onde foram adotadas por empresas líderes como Google e Spotify. Em seu livro *Avalie o que importa*[1], Doerr explica que os OKRs podem ser utilizados para impulsionar o foco, a disciplina, a transparência e o alinhamento em organizações de todos os tamanhos. Os OKRs enfatizam fortemente as metas desafiadoras, dispondo de resultados-chave específicos e temporais para medir o progresso.

Na área de *Legal Ops*, o desenvolvimento de métricas de avaliação de desempenho para parceiros externos é essencial para garantir que os serviços prestados estejam alinhados com os objetivos estratégicos do departamento jurídico e, em última análise, da organização. Essas métricas ajudam a monitorar a eficiência, a qualidade, a pontualidade e a custo-efetividade dos serviços jurídicos fornecidos.

O primeiro passo para a implementação de métricas de desempenho focadas na avaliação dos serviços entregues pelos parceiros externos é a definição clara de objetivos diretamente alinhados com as metas estratégicas do departamento jurídico. Esses objetivos podem variar desde a redução de custos até a melhoria da qualidade e a velocidade dos serviços jurídicos.

Após a definição dos objetivos, os resultados-chave devem ser especificados. Trata-se de indicadores tangíveis que demonstram como cada objetivo será alcançado. Por exemplo, se o objetivo é reduzir os custos legais em 20%, um resultado-chave pode ser a diminuição do número de horas faturadas pelos fornecedores externos.

Com as métricas estabelecidas, é vital implementar um sistema de monitoramento contínuo que permita avaliar o desempenho dos parceiros externos regularmente. Essa dinâmica pode envolver revisões periódicas dos resultados-chave e ajustes nas estratégias conforme necessário.

---

[1] DOERR, J. *Avalie o que importa*: como o Google, Bono Vox e a Fundação Gates sacudiram o mundo com os OKRs. Tradução Bruno Menezes. São Paulo: Intrínseca, 2019.

A avaliação de desempenho deve ser um processo transparente e colaborativo. *Feedback* regular deve ser fornecido aos parceiros externos, não apenas em termos de áreas que necessitem de melhorias, mas também reconhecendo sucessos e um desempenho excepcional.

Essa abordagem permite uma exposição clara de resultados e desempenhos, incentivando a competição positiva entre os parceiros externos, de modo a gerar reconhecimento pela qualidade dos serviços prestados – o que gerará *marketing* jurídico positivo ao parceiro – e economia de custos ao departamento jurídico. Afinal, um serviço prestado com contínuo ganho de eficiência traz, inexoravelmente, redução de custos e/ou aumento de receitas.

Modernamente, as avaliações de desempenho estão cada vez mais atreladas a *softwares* e plataformas digitais, que podem permitir que essa aferição seja realizada *on time*. Trazer contemporaneidade e atualidade para as avaliações as torna mais eficazes e permite a adoção de respostas e correções mais eficientes. Por isso, o uso de plataformas que automatizem a coleta e a análise de dados sobre o desempenho dos parceiros é crucial. Os recursos podem incluir *softwares* de gestão de contratos, análise de desempenho e plataformas de comunicação.

Por exemplo, um departamento de *Legal Ops* pode estabelecer um OKR cujo objetivo é "Aumentar a eficiência dos processos de litígio", com resultados-chave como "Reduzir o tempo médio de resolução de casos em 30%" e "Aumentar a satisfação do cliente interno em 40%". Esses resultados podem ser monitorados por meio de relatórios mensais ou trimestrais fornecidos pelos parceiros, gerados por um *software* que mede a evolução diária dessas métricas e fornece dados sempre atualizados.

Outra ferramenta muito usada para aferir o desempenho de parceiros externos é a métrica *Service Level Compliance* – SLC (conformidade com o nível de serviço). Trata-se de um recurso valioso para medir o desempenho de parceiros externos, especialmente em contextos como departamentos jurídicos de empresas.

A SLC ajuda a assegurar que os serviços prestados por parceiros externos estejam em conformidade com os padrões e expectativas acordados, o que é fundamental para manter a qualidade e a eficiência dos serviços jurídicos terceirizados.

A métrica de SLC mede o grau em que os fornecedores de serviços externos cumprem os chamados Acordos de Nível de Serviço (SLAs) estabelecidos. Os Acordos de Nível de Serviço são contratos formais que definem as expectativas de *performance* e os padrões de qualidade para os serviços prestados. Eles incluem especificações detalhadas sobre aspectos como prazos de entrega, qualidade do trabalho, disponibilidade e responsividade do fornecedor, além de métricas de *performance*. A SLC, portanto, é uma expressão quantitativa, uma forma de medir a *performance* desses acordos.

Capítulo 7 • Parcerias Estratégicas e Gestão de Fornecedores

Antes de medir o desempenho por meio da SLC, é essencial que os SLAs sejam cuidadosamente elaborados. Para um departamento jurídico, isso significa definir claramente:

1. Prazos específicos para a conclusão de tarefas ou para respostas a consultas.
2. Padrões de qualidade para documentos legais ou aconselhamento jurídico.
3. Requisitos de comunicação, como frequência de atualizações e relatórios.
4. Indicadores de desempenho-chave realistas e mensuráveis.

Para aplicar eficazmente a métrica SLC no monitoramento de parceiros externos, duas etapas são fundamentais:

1. **Definição de metas e expectativas claras:** é preciso estabelecer e comunicar claramente as expectativas e metas que os parceiros externos devem atender, conforme detalhado nos SLAs.
2. **Monitoramento e coleta de dados:** utilizar sistemas de gestão de contratos ou um *software* específico para registrar e monitorar o desempenho dos parceiros é essencial. Isso pode incluir ferramentas automatizadas que ajudem a rastrear se os serviços estão sendo entregues conforme o acordado.

Percorrer essas duas etapas e realizar avaliações periódicas do desempenho dos parceiros com base nos dados coletados tornará possível verificar se os serviços prestados estão em conformidade com os SLAs, permitindo, com base nos dados, nas informações e no conhecimento coletado e analisado, o registro de qualquer desvio e a adoção de planos de ação previamente delimitados para a correção dos problemas.

Importante também o fornecimento de *feedback* regular aos parceiros sobre seu desempenho. É fundamental discutir quaisquer problemas de conformidade e trabalhar em conjunto para implementar melhorias necessárias, de modo a criar e manter uma sinergia, visando ao atingimento dos objetivos estabelecidos.

A avaliação e comunicação contínua, além de gerar *feedback*, poderão impulsionar o *feedforward*, permitindo a realização de ajustes nos SLAs, para refletir melhor as necessidades do departamento jurídico ou para corrigir padrões que se mostrem irrealistas ou desatualizados.

Como exemplo de aplicação de uma SLC, um departamento jurídico pode ter um SLA especificando que todos os contratos devem ser revisados e devolvidos dentro de dois dias úteis. A métrica SLC nesse caso poderia incluir o monitoramento da porcentagem de contratos revisados dentro desse prazo. Se o parceiro cumprir esse critério 95% do tempo, o SLC será considerado satisfató-rio. Caso contrário, medidas corretivas devem ser discutidas.

A métrica SLC é uma ferramenta extremamente útil para os departamentos jurídicos, pois assegura que os parceiros externos estejam alinhados com as expectativas e objetivos do departamento. Por meio do monitoramento rigoroso e regular, combinado com uma comunicação efetiva, é possível não apenas manter mas também melhorar continuamente a qualidade dos serviços jurídicos terceirizados, fortalecendo as operações e a eficiência do departamento como um todo.

Como visto, o desenvolvimento e a implementação de métricas de desempenho para parceiros externos na área de *Legal Ops* é uma estratégia crucial para maximizar a eficiência, garantir a qualidade do serviço e alinhar os esforços externos com as metas internas da organização. Inspirando-se nas teorias e práticas estabelecidas por Drucker, Grove e Doerr, os líderes e gestores das áreas de *Legal Ops* podem criar um sistema robusto, que não só mede o desempenho como impulsiona a melhoria contínua e a colaboração estratégica.

PARTE III
PROCESSOS EM *LEGAL OPS*

Acesse o material suplementar

https://uqr.to/1z020

Capítulo 8
ESTRATÉGIAS E PLANEJAMENTO JURÍDICO

1. ALINHAMENTO ESTRATÉGICO E PLANEJAMENTO DE NEGÓCIOS

O alinhamento estratégico e o planejamento de negócios são essenciais para a eficácia e a eficiência da área de *Legal Ops* dentro de uma organização. Esse tema, complexo e multifacetado, envolve a coordenação de várias atividades, desde o fortalecimento de uma cultura organizacional, passando pela gestão de recursos até a integração de novas tecnologias, sempre visando à otimização dos serviços jurídicos.

Já vimos neste livro que o *Legal Ops* refere-se à otimização dos processos e recursos de um departamento jurídico para maximizar sua eficiência e alinhamento com os objetivos estratégicos da organização, constituindo uma área que cresceu em importância à medida que as empresas reconheceram a necessidade de uma gestão mais eficiente dos aspectos legais. Seu foco deve estar no desenvolvimento de pessoas, processos e tecnologias.

É justamente a necessidade de tornar a área jurídica mais eficiente e eficaz que leva a área de *Legal Ops* a traçar um alinhamento tático para garantir que todas as atividades jurídicas estejam sincronizadas com a visão e a estratégia geral da empresa. Isso envolve compreender profundamente os objetivos de negócios, o chamado *core business,* e moldar os serviços jurídicos para apoiar esses objetivos.

O primeiro passo em um planejamento estratégico consiste em conhecer a visão da empresa e definir claramente como essa visão se aplica para a área de *Legal Ops*. Falar na visão de uma organização se refere ao primeiro e mais importante ponto do tripé de qualquer gestão estratégica: as pessoas.

Já tratamos neste livro sobre a importância da valorização das pessoas e do fato de elas constituírem o principal recurso de qualquer organização. No entanto, as pessoas são mais do que seres humanos alocados em determinadas posições da engrenagem da organização: elas devem refletir e ser a mola propulsora da própria cultura da organização.

Como vimos no capítulo 6, sobre colaboração e cultura organizacional, a cultura de uma organização reflete, em primeiro lugar, a razão da existência da empresa: POR QUE SE FAZ, O QUE SE FAZ! Esse porquê é o que muitos chamam de Propósito Transformador Massivo (PTM) no âmbito das organizações exponenciais. Os dois conceitos – PTM e organizações exponenciais – serão aqui mais bem desenvolvidos, pois envolvem a cultura de empresas vencedoras no atual mercado da Advocacia 4.0.

Muito similar ao conceito de "porquê" desenvolvido por Simon Sinek, a noção de Propósito Transformador Massivo é fundamental para entender as organizações exponenciais, conceito descrito no livro de mesmo título de Salim Ismail, Michael S. Malone e Yuri van Geest[1]. Essas organizações são caracterizadas pela capacidade de escalar seu desempenho de modo muito mais rápido e eficiente do que as empresas tradicionais – as quais se apoiam em uma gestão do tipo linear –, por meio da utilização de tecnologias que permitem o crescimento acelerado e a redução de custos à medida que crescem.

O PTM é a espinha dorsal de uma organização exponencial. Ele envolve uma aspiração ampla e inspiradora que visa mudar algum aspecto do mundo para melhor. O propósito não é apenas um guia para a criação de produtos ou serviços; é um chamado que motiva a equipe, atrai os melhores talentos e une os esforços de todos em torno de uma causa comum. Por exemplo, o Google, com seu PTM "Organizar a informação do mundo e torná-la universalmente acessível e útil", mostra que um propósito claro pode direcionar o desenvolvimento de produtos inovadores e criar uma vantagem competitiva significativa.

A importância do PTM para a formação de uma cultura empresarial é igualmente crítica. Uma cultura forte e alinhada com o PTM ajuda a orientar as decisões e comportamentos dentro da organização, criando um ambiente no qual inovação e risco são incentivados e onde os erros são vistos como oportunidades de aprendizado. A cultura é o solo fértil no qual as estratégias da empresa podem crescer e prosperar. Quando compreendem e se conectam com o PTM, os funcionários se sentem parte de algo maior, o que aumenta a motivação, o engajamento e a coesão interna.

Do lado oposto, não ter um PTM, um porquê, impede a empresa de ter um norte e de mostrar coesão de pensamentos e ações, e em consequência todas as estratégias e planos de ação revelam um desalinhamento. Obviamente, os resultados serão desastrosos. Por isso a formação de uma cultura forte e replicável é um passo fundamental para a definição de estratégias. Como disse Peter Drucker, a cultura come a estratégia no café da manhã.

Assim, o PTM não só direciona o crescimento exponencial ao estabelecer uma visão clara e poderosa como é essencial para moldar a cultura organizacional. Essa cultura, por sua vez, é fundamental para o desenvolvimento de estratégias que não apenas respondam às mudanças do mercado como as antecipem e liderem, permitindo à empresa manter-se resiliente e adaptável em um ambiente de negócios cada vez mais volátil e competitivo.

---

[1] ISMAIL, S.; MALONE, M. S.; VAN GEEST, Y. *Organizações exponenciais*: por que elas são 10 vezes melhores, mais rápidas e mais baratas que a sua (e o que fazer a respeito). São Paulo: Alta Books, 2019.

Capítulo 8 • Estratégias e Planejamento Jurídico

Por outro lado, quando falamos de organizações exponenciais e de sua importância no fortalecimento de uma cultura vencedora nas áreas de *Legal Ops*, vale mencionar o excelente artigo de Daniel Martins "Gestão jurídica 4.0: os três pilares para inovar na sua carreira, destacar-se no mercado e se transformar em um advogado exponencial", publicado no livro *A nova era da gestão jurídica*: contextos e soluções[2].

Esse artigo contribui significativamente para a compreensão de como a inovação pode ser implementada em departamentos jurídicos e escritórios de advocacia. Seu autor lança luz sobre a importância de adotar uma abordagem exponencial em contraste com as práticas de gestão linear tradicionalmente vistas no setor jurídico.

Em uma era caracterizada pela rápida evolução tecnológica e por mudanças regulatórias constantes, a necessidade de adaptação e inovação nos departamentos jurídicos e nos escritórios de advocacia nunca foi tão crítica. As organizações exponenciais, aquelas que Daniel Martins sugere que os advogados aspirem a se transformar, distinguem-se pela capacidade de escalar suas operações de maneira mais rápida e eficaz do que as organizações tradicionais, graças à alavancagem de tecnologias emergentes, à adoção de novos modelos de negócio e a uma cultura organizacional flexível e adaptativa.

Martins destaca três pilares fundamentais para a transformação em uma gestão jurídica exponencial:

1. **Tecnologia:** a utilização de ferramentas tecnológicas avançadas, como Inteligência Artificial para análise de grandes volumes de dados jurídicos, automação de tarefas repetitivas e plataformas de gestão de casos, não só permite a redução de custos e tempo como aumenta a precisão e a eficiência dos serviços jurídicos.

2. **Inovação em modelos de negócio:** explorar novos modelos de negócio, por exemplo, oferecendo serviços jurídicos sob demanda, utilizando a precificação baseada em valor em vez de horas trabalhadas ou até mesmo integrando soluções de consultoria estratégica, pode diferenciar um escritório no mercado.

3. **Cultura organizacional:** promover uma cultura que valorize a inovação, a aprendizagem contínua e a flexibilidade para adaptar-se rapidamente às mudanças do mercado é essencial. Isso envolve a capacitação constante dos colaboradores e a criação de um ambiente que encoraje a experimentação e aceite o fracasso como parte do processo de inovação.

---

[2] MARTINS, D. Gestão jurídica 4.0: os três pilares para inovar na sua carreira, destacar-se no mercado e se transformar em um advogado exponencial. *In*: MARTINS, E. G.; PEREZ, N. S. *A nova era da gestão jurídica:* estratégias para escritórios de advocacia do século XXI. São Paulo: RT, 2019.

Em contraste, a gestão linear, tradicionalmente mais comum no setor jurídico, é caracterizada por estruturas hierárquicas rígidas, processos lentos de tomada de decisão e a ênfase no crescimento incremental baseado em práticas estabelecidas e experiências passadas. Essa abordagem pode limitar significativamente a capacidade de um escritório de advocacia ou departamento jurídico de responder de maneira ágil e eficaz às exigências do mercado contemporâneo, que demanda rapidez, flexibilidade e inovação.

Portanto, a transição de uma gestão linear para uma gestão exponencial não apenas posiciona os profissionais jurídicos para se destacarem em um mercado competitivo, mas também os prepara para liderar mudanças, antecipar desafios regulatórios e tecnológicos e, em última análise, oferecer serviços jurídicos que atendam de maneira mais efetiva e inovadora às necessidades dos clientes.

Essa combinação de criação de uma cultura compreendida e aceita por todos os integrantes da organização e que permite a criação de uma organização exponencial, caracterizada pela flexibilidade, pelo foco em pessoas e não em processos e pela capacidade de aumentar a operação da organização, sem aumentar os custos, é o que deve orientar qualquer modelo de negócio e a definição de suas estratégias de atuação.

A área de *Legal Ops*, com sua multidisciplinaridade, sua visão holística e integracionista com as demais áreas da empresa, é responsável por compreender essa cultura e todos os aspectos de sua implantação e por aplicá-la no desenvolvimento das atividades da área de *Legal Ops,* o que exige compreender a visão estratégica e utilizá-la na área de *Legal Ops.* Para tanto é preciso primeiro conhecer as necessidades da empresa e seu contexto geoeconômico para, então, "olhar para dentro".

Compreender as necessidades de uma organização exponencial traz consigo o entendimento das necessidades atuais e futuras da organização, considerando as tendências do mercado e as expectativas regulatórias. É preciso fazer uma análise das necessidades da empresa, do contexto social e econômico no qual ela está inserida, para então "olhar para dentro" do departamento jurídico.

Quando se fala em necessidades da empresa/organização, é preciso compreender a visão da empresa, ou seja, onde ela pretende estar, de que modo pretende se posicionar nos próximos três, quatro ou cinco anos. Ter conhecimento da visão da empresa permite entender como serão suas ações e quais serão seus objetivos estratégicos.

Por exemplo: uma empresa que vê a si mesma aumentando sua fatia de participação no mercado certamente terá uma postura expansionista, o que demandará ações voltadas ao crescimento do negócio e a injeção de recursos; essas ações pressuporão a criação de objetivos expansionistas e de crescimento do negócio.

Essa visão não pode ser um planejamento de dez anos, estratificado, sob pena de atrair para o planejamento estratégico da empresa o que o mercado chama de "Efeito Iridium".

O "Efeito Iridium", termo derivado do fracasso do projeto Iridium da Motorola, serve como um poderoso alerta para organizações exponenciais na criação de uma visão estratégica. Esse efeito descreve uma situação em que uma empresa, movida por uma visão tecnológica grandiosa, investe massivamente em um projeto que acaba falhando devido à falta de alinhamento com **as necessidades reais do mercado** ou pela superestimação da capacidade tecnológica necessária para concretizar a visão.

Nos anos 1990, a Motorola liderou a iniciativa Iridium com a visão de proporcionar cobertura de telefonia móvel em todo o mundo, usando uma extensa rede de satélites em órbita baixa da Terra. O projeto exigiu um investimento de mais de 5 bilhões de dólares e prometia revolucionar a comunicação global, oferecendo conexão em locais até então inacessíveis por meios tradicionais de comunicação.

Contudo, o projeto enfrentou vários problemas, como o custo proibitivo de implementação. As despesas operacionais continuaram a aumentar, com avanços tecnológicos subestimados. Não havia sido previsto que, em um espaço de tempo tão grande de implementação do projeto, novas tecnologias de comunicação móvel terrestre poderiam surgir e avançar significativamente, oferecendo serviços mais baratos e eficazes. Esse cenário tornou a solução baseada em satélite da Iridium menos atraente e provocou a redução da demanda, tornando o serviço comercialmente inviável.

Para organizações que buscam crescimento exponencial, o "Efeito Iridium" destaca vários perigos na formulação de uma visão estratégica:

1. **Visão desconectada da realidade de mercado:** a visão estratégica deve ser ambiciosa, mas também profundamente enraizada na compreensão realista das necessidades e comportamentos do mercado. Ignorar as tendências de mercado e as preferências dos clientes pode levar a investimentos dispendiosos em tecnologias ou produtos que não têm viabilidade comercial.

2. **Subestimação dos riscos tecnológicos:** as empresas devem ter uma compreensão clara das capacidades e limitações tecnológicas atuais e futuras. Uma avaliação errônea pode resultar em falhas catastróficas.

3. **Flexibilidade e adaptabilidade:** as estratégias devem incluir a flexibilidade para ajustes e mudanças rápidas em resposta a novas informações e mudanças de mercado. A rigidez pode ser fatal.

4. **Validação contínua de hipóteses:** em uma era de mudanças rápidas, as organizações devem continuamente validar suas hipóteses sobre o mercado e ajustar suas estratégias conforme necessário.

O "Efeito Iridium" serve como um lembrete crítico para as organizações exponenciais de que uma visão estratégica não deve ser apenas grandiosa, mas também executável e alinhada com as demandas e realidades do mercado. Ao pensar nas necessidades da empresa, jamais se pode deixar de pensar nas reais necessidades do mercado e na possibilidade de surgirem soluções disruptivas, capazes de mudar em pouco tempo essas necessidades.

Porém, não basta enxergar e compreender as necessidades do negócio e do nicho mercadológico no qual a empresa/organização atua. É preciso, igualmente, analisar a compatibilidade da visão do negócio, do propósito transformador massivo, com o contexto social, político e econômico no qual está inserida. Se a empresa tem atuação global, é preciso compreender o contexto mundial, tanto de forma macro como de acordo com seu nicho de atuação; se a empresa é nacional, a análise passa a ser do contexto do país onde se encontra.

Por mais que algumas críticas surjam, a análise SWOT (*Strengths, Weaknesses, Opportunities, Threats*) ainda é uma ótima ferramenta para conjugar a análise das necessidades da empresa com a análise do contexto geoeconômico onde está inserida. A análise das forças e fraquezas, em um contexto interno da empresa, alinhada à definição do propósito transformador massivo e às oportunidades e ameaças disponíveis para a organização em seu contexto geopolítico, permite a criação de cenários e análises preditivas factíveis.

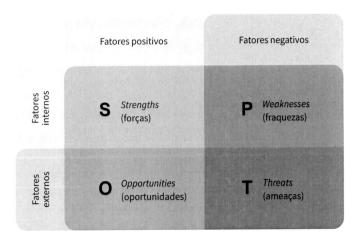

Figura 8.1: Análise SWOT.
Fonte: CASAROTTO, C. Como fazer análise SWOT ou FOFA: confira o passo a passo completo com as melhores dicas. *Rock Content*, 20 dez. 2019. Disponível em: https://rockcontent.com/br/blog/como-fazer-uma-analise-swot/. Acesso em: 23 jan. 2025.

A comunhão entre a análise das necessidades da empresa e a análise do contexto geoeconômico onde está inserida por meio da análise SWOT é crucial para o planejamento estratégico, pois fornece uma base clara para a tomada de

Capítulo 8 • Estratégias e Planejamento Jurídico

decisões, que permitirá a definição das metas crucialmente importantes, dos objetivos estratégicos da empresa, para o médio prazo.

Com essa definição dos objetivos estratégicos, o departamento jurídico, em especial a área de *Legal Ops*, como parte integrante do *core business*, poderá "olhar para dentro" e assim analisar suas atividades e seus dados de modo a produzir informações e gerar conhecimento. Ao final, os planos de ações gerados se traduzirão nos objetivos estratégicos ou em metas importantes do departamento jurídico.

Todo esse processo de criação e consolidação de uma cultura organizacional focada em transformar a empresa em uma organização exponencial, o que compreende a sua posição no mercado e no mundo, permitirá à empresa e a todas as suas áreas criar planos de ação factíveis, para o atingimento dos objetivos estratégicos da organização.

Por sua vez, a definição de um plano de ação é um processo amplo, que tem início com a coleta e a análise de dados para transformá-los em informações. Estas, por sua vez, permitirão sua compreensão e conclusões, gerando planos de ação e definições de objetivos a serem atingidos, de modo a oferecer um suporte à gestão do negócio.

Todo esse processo é a chamada Inteligência de Negócios (*Business Intelligence*). Quando replicado aos dados e informações produzidos pela área jurídica, permitindo o desenvolvimento de objetivos específicos, sempre alinhados com os objetivos estratégicos da empresa, é chamado de Inteligência Jurídica Empresarial (*Legal Business Intelligence*).

É o processo de *Legal Business Intelligence* que possibilita compreender uma visão clara do negócio e permite à área de *Legal Ops* definir objetivos estratégicos específicos. Estes podem incluir a redução de custos, a melhoria da qualidade dos serviços jurídicos e a implementação de tecnologias inovadoras.

Com os objetivos estratégicos definidos, o planejamento tático envolve a criação de planos de ação específicos para alcançá-los. Isso pode incluir a definição de prazos, a alocação de recursos e a designação de responsabilidades.

A eficácia do planejamento de *Legal Ops* depende fortemente de um orçamento bem planejado e da correta alocação de recursos, o que envolve não apenas fundos, mas também a alocação de pessoal adequado e tecnologia.

Algumas etapas são essenciais para pôr em prática a visão estratégica com um propósito transformador massivo:

1. **Tecnologia:** a adoção de tecnologia útil às necessidades da organização e da área de *Legal Ops* é fundamental para modernizar e dar agilidade à obtenção de resultados. Ferramentas como automação de documentos, *software* de gestão de contratos e plataformas de análise de dados podem aumentar significativamente a eficiência.

2. **Cultura e treinamento:** para que o alinhamento estratégico seja eficaz, é essencial que todos os membros de *Legal Ops* estejam adequada e permanentemente aculturados, treinados e capacitados. Isso inclui treinamento não apenas em novas tecnologias, mas também em habilidades de gestão e operações.

3. **Comunicação interna:** a comunicação eficaz dentro do departamento jurídico e entre outros departamentos é vital para garantir que todos estejam alinhados com a visão estratégica da companhia. Isso ajuda a promover uma compreensão uniforme dos objetivos e estratégias.

4. **Monitoramento e avaliação:** o monitoramento contínuo do desempenho em relação aos objetivos estratégicos é necessário para garantir que o planejamento de *Legal Ops* seja eficaz. Isso inclui a revisão regular dos OLRs e KPIs e o ajuste de estratégias conforme necessário.

5. **Gestão de riscos:** identificar e gerenciar riscos é crucial no planejamento de *Legal Ops*. Isso envolve a análise de potenciais problemas legais ou operacionais que possam afetar a organização e a implementação de estratégias para mitigá-los.

6. **Parcerias estratégicas:** o desenvolvimento de parcerias estratégicas com outros departamentos e com fornecedores externos pode melhorar significativamente a eficiência e a eficácia dos serviços jurídicos.

7. **Mentalidade de inovação continuada:** uma área de *Legal Ops* em uma organização exponencial deve estar sempre buscando inovações, seja por meio da adoção de novas tecnologias ou da reestruturação de processos. A inovação contínua é a chave para manter a relevância e a eficácia a longo prazo. No Google, por exemplo, cerca de 20% do tempo de um funcionário deve ser dedicado a novos projetos capazes de inovar e transformar o negócio.

8. **Revisão e ajuste constantes:** finalmente, é essencial que o planejamento de *Legal Ops* seja um processo dinâmico. Revisões periódicas da estratégia e dos planos ajudam a garantir que o departamento permaneça alinhado com a evolução dos objetivos de negócios e do ambiente de mercado e permitem a percepção de erros de estratégia e sua rápida correção. Errar cedo para corrigir cedo gera um impacto negativo menor no desenvolvimento da estratégia.

O fortalecimento de uma cultura voltada à criação de organizações exponenciais pode ser crucial para um planejamento cuidadoso e um alinhamento estratégico eficiente, sobretudo na área de *Legal Ops*.

Ao promover uma cultura que valoriza a inovação, a agilidade e a colaboração, a área de *Legal Ops* pode alinhar-se mais estreitamente com a visão e os objetivos estratégicos da empresa. Isso permite que a equipe jurídica antecipe

Capítulo 8 • Estratégias e Planejamento Jurídico   105

necessidades legais e regulatórias, inove em processos legais e utilize tecnologia para aumentar a eficiência. Essa dinâmica maximiza a contribuição do departamento jurídico para o sucesso geral da empresa, garantindo que todos os aspectos legais sejam gerenciados de maneira eficiente e proativa, reduzindo riscos e facilitando um ambiente de negócios ágil e adaptável às mudanças rápidas do mercado.

2. DEFINIÇÃO DE METAS E MEDIÇÃO DE DESEMPENHO

A necessidade de demonstração, por parte de todos os departamentos da empresa, de resultados objetivos, que possam ser mensurados, verificados e, assim, sirvam de informações sólidas para a tomada de decisões estratégicas – decisões fundamentas em dados –, passa a ser a tônica nas empresas mais bem posicionadas, em seus respectivos nichos de mercado.

Essa nova visão, de um jurídico comprometido com os objetivos estratégicos da empresa, faz surgir a necessidade de uma nova forma de metrificar e mensurar a qualidade e a eficiência do serviço jurídico desenvolvido.

A grande questão está em conseguir quantificar, objetivar em números, uma atividade que, à primeira vista, parece ser eminentemente subjetiva.

A mudança está na maneira como se percebe o valor das atividades jurídicas desenvolvidas, ou seja, o que de fato importa avaliar em um departamento jurídico moderno. Será que faz mais sentido para a alta gestão da empresa medir a qualidade e a eficiência de um departamento jurídico pelo quantitativo de petições elaboradas; pelo número de prazos que foram cumpridos em determinado mês; pelo quantitativo de consultas e pareceres respondidos em determinado período? Ou é mais lógico avaliar quanto, em valores monetários, o departamento jurídico recuperou em determinado período, em face de uma meta preestabelecida; quanto o departamento jurídico contribuiu para diminuir os valores provisionados em razão da mudança de *status* do risco jurídico de determinados processos?

Cabe ao advogado corporativo moderno perceber o que importa para a gestão estratégica da empresa. Isso significa dizer que, se uma empresa inclui entre seus objetivos estratégicos para um determinado período a redução de custos e o aumento de despesas, pouco importará aumentar o quantitativo de petições feitas se no mesmo período os valores globais das condenações judiciais também aumentarem.

A percepção de que o departamento jurídico está, assim como os demais departamentos da empresa, intimamente ligado ao atingimento dos objetivos e resultados pretendidos pela organização é fundamental para a percepção de avaliação do que, de fato, importa. Não adianta qualquer departamento criar metas e objetivos próprios que não mostrem nenhum alinhamento com as metas e objetivos maiores da empresa.

Essa é a lógica dos chamados OKRs – *Objectives and Key Results* (objetivos e resultados-chave).

A lógica da avaliação por resultados, que prioriza a comunicação eficiente entre todas as áreas da empresa, gerando um grande engajamento das pessoas avaliadas, teve seu embrião na década de 1970 na Intel, mais especificamente pela aplicação das ideias do genial Andy Grove[3], então presidente da organização.

Os OKRs, porém, só foram se consolidar do modo como atualmente são conhecidos e aplicados por via das experiências de John Doerr, pupilo de Andy Grove, na Intel.

Doerr[4] aprimorou e trouxe as ideias criadas por Andy Grove para mais próximo da realidade da Quarta Revolução Industrial, a partir de 2010, quando a dinâmica de desenvolvimento dos negócios se tornou muito mais acelerada diante do grande avanço das tecnologias e ferramentas digitais.

Segundo John Doerr, os OKRs são uma fórmula voltada a definir metas, dividida em: "eu vou" (objetivo) e "medido por" (conjunto de resultados-chave). Isso significa dizer que eu crio objetivos que fazem sentido para minha atividade e, para isso, desenvolvo resultados-chave que, se alcançados, me levarão a alcançar o objetivo delineado. Por sua vez, tanto os objetivos quanto os resultados-chave devem ser preestabelecidos, mensuráveis, validáveis e possíveis, ainda que desafiadores.

O grande objetivo de utilizar a metodologia dos OKRs é criar no ambiente empresarial um alinhamento de metas, no qual todos conheçam os objetivos da empresa e se sintam responsáveis diretamente pelo atingimento desses objetivos. Essa conjuntura cria um ambiente de engajamento em prol de um bem comum, contribuindo para garantir que todos caminhem na mesma direção, com prioridades claras, em um ritmo constante.

Para exemplificar, vamos imaginar que uma empresa tenha como objetivo a "redução de custo geral em 5%". Para que esse objetivo seja atingido, o conselho de administração, com fulcro na análise de dados e informações estratégicas, estipulou, como primeiro resultado-chave, que o departamento financeiro diminua 10% de seu custo; como segundo resultado-chave, que o departamento de RH demita os dez empregados mais custosos para a empresa; que o departamento de *marketing* renegocie os contratos, para diminuir seus valores em 10%; e que o departamento jurídico reduza os pagamentos em condenações judiciais em 5%.

---

[3] Em seu fantástico livro *Administração de alta performance,* Andy Grove lança as bases teóricas do que viriam a ser os OKRs.

[4] As ideias desenvolvidas por John Doerr estão presentes em seu livro *Avalie o que importa:* como o Google, Bono Vox e a Fundação Gates sacudiram o mundo com os OKRs. Tradução Bruno Menezes. São Paulo: Intrínseca, 2019.

Capítulo 8 • Estratégias e Planejamento Jurídico

Por sua vez, sem necessariamente transformar os resultados-chaves da empresa[5], os diversos departamentos, alinhados ao objetivo da empresa, criarão seus próprios objetivos e resultados-chave e assim sucessivamente, até que se chegue ao nível de objetivos e resultados-chave individuais.

A criação dos objetivos e resultados-chave não deve ser imposta de cima para baixo, devendo ser pensada por cada indivíduo, sempre alinhada com o objetivo maior da empresa. Essa atitude gera um senso de responsabilidade, pertencimento e engajamento compartilhado por todos.

É com esse pensamento em foco que deve atuar o *Legal Ops*, uma área motriz de implementação, no departamento jurídico, da visão e dos objetivos estratégicos da organização.

Alinhando os planos de ação desenvolvidos ao longo do processo de *Legal Business Intelligence*, chega-se aos objetivos. Ou seja, um plano de ação alinhado verdadeiramente alinhado com os objetivos estratégicos da organização se torna um OKR do departamento jurídico.

É importante ter a percepção de como se desenvolve e se cria um OKR. Um objetivo estratégico não surge do nada; é preciso todo um processo de *Legal Business Intelligence* que permita chegar a conclusões de cenários futuros e possibilite, assim, iniciar um processo de tomada de decisão sobre as ações futuras do departamento jurídico, voltadas ao atingimento do objetivo maior da organização. É desse processo de tomada de decisão que nascerá(ão) o(s) OKR(s) do departamento jurídico.

Criado o objetivo principal e definidos os resultados-chave a serem alcançados, é preciso avaliar se o caminho, o processo para o alcance desses objetivos, está correto.

No capítulo 3, sobre processos, foi apresentado o conceito de KPIs (*Key Performance Indicators*, indicadores-chave de desempenho), medidas que auxiliam na medição desse caminho, desse processo. Vamos retomar o tema em razão de sua importância para a criação, implantação, acompanhamento e sucesso das métricas de desempenho e resultados.

Os KPIs são ferramentas essenciais para avaliar a *performance* do caminho, do processo a ser percorrido para alcançar um objetivo.

Imagine um jogo de futebol no qual o objetivo é, naturalmente, ganhar. Para atingir esse objetivo, dois resultados-chave foram estabelecidos: estar ganhando de 1x0 aos 30 minutos do primeiro tempo e não tomar nenhum gol durante os 90 minutos do jogo. Para alcançar esses resultados é preciso haver táticas, planos de ação concretos, executáveis, que construirão os cenários que permitirão

---

[5] Não necessariamente o objetivo do departamento financeiro precisa ser diminuir 10% dos custos; pode ser, simplesmente, diminuir em 50% os gastos com a emissão de boletos e guias de pagamento, se isso servir ao propósito de diminuir em 10% os seus custos.

atingir esses objetivos-chave. Isso significa que, se eu quero fazer ao menos um gol, preciso escalar um time ofensivo e que chute no gol; se não quero tomar gols, preciso, também, escalar um time com uma defesa forte e protegida. A conjugação equilibrada de um time ofensivo que não desguarnece a defesa me permitirá atingir meus resultados-chave e, ao final, meu objetivo.

Percebe-se, assim, que os KPIs são **as ideias prévias que geram ações rotineiras** fundamentais para o atingimento de meus resultados-chaves. Os KPIs são as ações realizadas no dia a dia e que estão sob o controle de quem as executa. Já os resultados-chave, assim como o placar no jogo de futebol, são **informacionais; não são ações que desenvolvo. Servem apenas como medidas históricas que demonstram se estou no caminho certo ou não para atingir meus objetivos**.

Voltando para o exemplo do jogo de futebol, o técnico, ao perceber que se aproximam os 30 minutos do primeiro tempo e o time ainda não fez o gol, pode modificar a estratégia e os planos de ação; pode orientar o time para se tornar mais ofensivo; pode substituir um meio de campo por um atacante; pode mudar o esquema de jogo. **O fato é que os KPIs são ações que estão sob o controle de quem as executa e permitem, em tempo real, sua análise, de modo a optar pela manutenção das ações até agora executadas ou pela eventual alavancagem, substituição ou modificação dessas ações em razão de estarem influenciando positivamente ou não o alcance dos resultados-chave.**

Com base nesse exemplo, pode-se entender que os indicadores não devem ser vistos apenas como um meio de avaliar o que já aconteceu, mas também como ferramenta útil para guiar ações futuras. Os KPIs, quando bem definidos, funcionam como medidas de direção, ajudando as equipes a entender como suas ações cotidianas podem influenciar os resultados-chave e os objetivos de longo prazo da organização, permitindo uma cultura de *feedback* e *feedforward* sobre a relevância e a eficácia das tarefas, o que, obviamente, contribui para a ideia de melhoria contínua da área de *Legal Ops*.

Portanto, os KPIs são mais do que simples números; são sinais que direcionam o comportamento e as escolhas estratégicas. Eles permitem que as equipes vejam além do horizonte imediato e ajustem suas estratégias e esforços em conformidade.

Trata-se de um processo entrelaçado em que a parte teórica, a definição da estratégia. é realizada, hierarquicamente, de cima para baixo, definindo-se os objetivos para depois se criarem os resultados-chave e só então se desenvolverem as ações, a serem medidas por indicadores de desempenho. Já a parte executável se realiza de baixo para cima: cada indivíduo, cada membro da equipe tem suas tarefas, suas ações, ligadas aos indicadores-chave de desempenho, em prol do atingimento de um resultado-chave e de um objetivo maior.

Ao definir claramente o que é o sucesso e como ele será medido, todos na organização podem alinhar esforços e contribuições com os objetivos mais amplos da empresa. A transparência e o alinhamento são fundamentais para fomentar uma cultura de execução e responsabilidade.

Capítulo 9
MODELOS DE ENTREGA DE SERVIÇO E GESTÃO DE PROJETOS

1. EXPLORANDO DIFERENTES MODELOS DE ENTREGA

Como visto no capítulo anterior, o planejamento estratégico na área de *Legal Ops* é fundamental para alinhar as operações jurídicas com os objetivos mais amplos da organização.

Parte desse planejamento envolve o modo como os serviços jurídicos são prestados aos clientes, sejam internos ou externos, e como são contratados, de acordo com as necessidades e demandas da área.

Trata-se dos chamados Modelos de Entrega de Serviço (*Service Delivery Model*), que fornecem um conjunto de diretrizes, conceitos, ferramentas e estratégias utilizadas por organizações jurídicas para fornecer seus serviços aos clientes. Esses modelos abrangem os processos, as pessoas, as tecnologias e as estruturas organizacionais envolvidas na prestação de serviços jurídicos.

Nesse contexto, a implementação de um modelo de entrega de serviço eficaz serve como alavanca crítica para a realização desses objetivos estratégicos, pois permite definir claramente como os serviços jurídicos são entregues, desde a utilização de tecnologias inovadoras até a otimização de processos e recursos humanos.

Isso permite às áreas de *Legal Ops* aumentar significativamente sua eficiência e impacto. Modelos de entrega de serviços jurídicos não só permitem uma gestão mais eficaz das tarefas jurídicas diárias como possibilitam respostas mais ágeis às mudanças do mercado, garantindo que o departamento jurídico contribua proativamente para o sucesso e a sustentabilidade da empresa. Entender e implementar modelos de entrega eficientes é vital para lidar com a crescente complexidade e volume de trabalho legal. Um modelo de entrega robusto pode ajudar a reduzir custos, aumentar a eficiência e melhorar a qualidade do serviço jurídico oferecido.

Richard Susskind, um dos principais teóricos na área da transformação legal, tem discutido extensivamente os modos como a tecnologia e novos modelos de negócios podem revolucionar a prestação de serviços jurídicos, conforme visto no capítulo 7, sobre parcerias estratégicas e gestão de fornecedores. Suas ideias destacam a necessidade de repensar a forma como os serviços legais são entregues, para que eles sejam mais eficientes, econômicos e acessíveis.

O autor considera que os modelos tradicionais de entrega de serviços jurídicos estão se tornando obsoletos na era digital, e defende a adoção de tecnologias emergentes e de modelos inovadores de serviços que podem transformar radicalmente o setor jurídico.

Susskind sugere que os serviços jurídicos sejam "desconstruídos", ou seja, divididos em tarefas individuais. Cada uma dessas tarefas pode, então, ser analisada para determinar a melhor maneira de ser realizada – seja por advogados, com o uso da tecnologia ou em outros processos; um dos pilares dos modelos de entrega modernos é o uso extensivo da tecnologia. Ferramentas de automação, inteligência artificial e gestão de dados podem transformar tarefas repetitivas e intensivas em processos mais rápidos e menos propensos a erros.

Os exemplos incluem o uso de *chatbots* para responder a perguntas legais básicas, plataformas de documentação automatizadas para criar e gerenciar documentos legais e sistemas de IA capazes de prever resultados judiciais para melhor informar estratégias de litígio.

Outra atividade que pode ser objeto de um modelo de entrega de serviços é a consultoria jurídica. Susskind vê um papel crescente para os advogados como consultores, não apenas como litigantes ou redatores de documentos. Nesse modelo, os advogados ajudam os clientes a navegar pelos riscos legais e a tomar decisões estratégicas, em vez de apenas representá-los em questões judiciais.

O autor explora ainda a ideia de modelos de serviço alternativos, como firmas de advocacia virtuais, parcerias entre firmas de advocacia e empresas de tecnologia e a externalização de tarefas jurídicas para Centros de Serviços Compartilhados ou mesmo para países com menor custo de mão de obra.

Em razão de sua configuração inovadora e de sua capacidade de entregar serviços de alta qualidade por um custo menor, os Centros de Serviços Compartilhados merecem maior atenção e detalhamento.

Os Centros de Serviços Compartilhados – CSC (*Shared Service Centers*) representam uma abordagem estratégica para a gestão operacional em que uma organização consolida e centraliza as funções e processos de negócios comuns a várias divisões ou departamentos. No contexto jurídico, um CSC pode ser utilizado para gerenciar tarefas jurídicas repetitivas e de alto volume capazes de ser padronizadas e automatizadas.

Em uma exploração mais detalhada do conceito, parte-se da premissa de que o principal objetivo de um CSC jurídico é melhorar a eficiência, reduzir custos e fornecer serviços consistentes e de alta qualidade por meio da padronização e da otimização de processos. Os CSCs jurídicos podem gerenciar uma ampla gama de atividades, como contratos, *compliance*, gestão de documentos e propriedade intelectual.

Algumas funcionalidades e serviços que podem ser gerenciados são:

1. **Contratos:** criação, revisão e gestão de contratos padrão.
2. *Compliance***:** monitoramento de regulamentos e garantia de conformidade em todas as jurisdições e divisões.

Capítulo 9 • Modelos de Entrega de Serviço e Gestão de Projetos

3. **Suporte a litígios:** preparação de documentos e coordenação de esforços para responder a ações judiciais.
4. **Propriedade intelectual:** administração de patentes, marcas registradas e outros ativos de propriedade intelectual.
5. **Consultas jurídicas:** resposta a consultas rotineiras que não requerem consultoria especializada.

Inúmeras vantagens operacionais e financeiras podem ser obtidas por meio da utilização de CSCs: economia de escala, com a centralização de funções e serviços reduzindo os custos operacionais; aumento da qualidade e consistência dos serviços, por via da padronização de processos, garantindo consistência e padrões elevados de qualidade; melhor gestão de pessoas ao centralizar os profissionais em um local, facilitando o gerenciamento de recursos humanos e o desenvolvimento profissional.

Além disso, os CSCs são frequentemente mais aptos a investir em novas tecnologias e inovações, como automação e Inteligência Artificial, o que pode melhorar a prestação de serviços, aumentando o foco estratégico, com as tarefas rotineiras e automatizáveis sendo gerenciadas por esses centros. Isso permite à equipe jurídica interna concentrar-se em atividades estratégicas mais complexas e de maior valor.

Existem, entretanto, algumas possíveis desvantagens na adoção dos CSCs, que devem ser levadas em consideração no planejamento para sua adoção.

A primeira desvantagem é o custo inicial, uma vez que a implementação de um CSC pode exigir um investimento inicial significativo em tecnologia e reestruturação.

O distanciamento físico ou organizacional do CSC pode enfraquecer a adoção e a fixação dos valores da cultura organizacional em relação às outras divisões, podendo levar a um desalinhamento com as necessidades específicas de cada divisão. Essa dinâmica pode ocasionar desafios culturais e organizacionais ao integrar diferentes equipes de geografias diversas em um único centro de serviços.

Outro ponto relevante e que deve ser considerado é que, enquanto os CSCs são eficientes para processos padronizados, eles podem ser menos flexíveis em responder a necessidades jurídicas únicas ou complexas que exijam atenção especializada.

Todos esses pontos devem ser considerados no planejamento da implementação de um CSC, uma vez que cada organização tem seus próprios valores culturais e suas necessidades e capacidades operacionais. Organizações com pouco valor em caixa para investimentos e/ou com uma cultura organizacional ainda não tão forte podem enfrentar dificuldades na implementação e gestão de um CSC.

Por isso, para estabelecer um CSC jurídico eficaz, a organização deve realizar uma análise detalhada de suas operações jurídicas atuais, identificar processos que podem ser centralizados, desenvolver padrões de serviço e treinar equipes para operar dentro do novo modelo. Também é fundamental escolher a tecnologia adequada para suportar as operações do CSC e garantir a integração eficiente com as demais partes da organização.

Feito o planejamento de implementação de maneira adequada e eficaz, sopesando as vantagens e desvantagens, os CSCs jurídicos podem oferecer um meio eficiente e econômico de gerenciar certas funções legais, mas requerem gestão cuidadosa e alinhamento estratégico para garantir que apoiem os objetivos gerais da organização.

Por fim, a personalização dos serviços legais, utilizando a tecnologia para adaptar as soluções às necessidades específicas de cada cliente, é outra inovação importante nos modelos de entrega de serviço que Susskind destaca. Esse enfoque permite que os departamentos jurídicos e escritórios de advocacia ofereçam uma experiência mais direcionada e relevante para cada cliente, maximizando sua eficácia e satisfação.

Lançando mão de ferramentas como análise de dados e Inteligência Artificial, os profissionais legais podem agora prever melhor as necessidades dos clientes, personalizar conselhos e estratégias legais e até mesmo antecipar questões jurídicas antes que elas se tornem problemas. Essa abordagem não só melhora a interação com o cliente como otimiza recursos internos, reduzindo o desperdício e aumentando a eficiência operacional.

Em última análise, a personalização por meio da tecnologia é um diferencial competitivo que posiciona as firmas na vanguarda da inovação legal, permitindo-lhes se destacar em um mercado cada vez mais saturado e competitivo.

Um ponto de extrema relevância consiste em compreender como fazer a divisão de recursos humanos em modelos de entrega de serviços, ou seja, como extrair o melhor de cada atividade, de acordo com o perfil de cada profissional.

Se os modelos de entrega de serviços jurídicos são estratégias organizacionais projetadas para otimizar os recursos e os processos de trabalho do departamento jurídico, é preciso definir claramente quem faz o quê. Um exemplo de visão mais detalhada dessa divisão de serviços pode ser descrito do seguinte modo:

1. **Equipes internas (*In-House Teams*):**

- as equipes internas são compostas por advogados e outros profissionais jurídicos, que são funcionários da empresa e têm algum grau de especialização;
- a vantagem de contar com uma equipe interna, formada por profissionais especializados, é o fato de eles estarem integrados ao negócio e terem um entendimento profundo dos objetivos e desafios da empresa;
- eles podem responder rapidamente a questões jurídicas específicas, não padronizáveis, e fornecer aconselhamento contínuo e consistente.

2. **Escritórios de advocacia externos (*External Law Firms*):**

- escritórios de advocacia externos são contratados para fornecer *expertise* especializada em determinado assunto muito específico e/ou complexo ou para lidar com volumes de trabalho que excedem a capacidade da equipe interna;

- eles podem oferecer alto nível de especialização em áreas do direito onde a empresa pode não ter capacidade ou conhecimento interno.

3. Centros de Serviços Compartilhados – CSC (*Shared Service Centers*):

- como já visto, os CSCs são unidades ou departamentos que centralizam serviços jurídicos para várias divisões ou geografias de uma empresa;
- eles podem proporcionar economia de escala e eficiência ao padronizar processos e consolidar conhecimento.

4. Modelos de entrega alternativos (*Alternative Delivery Models*):

- incluem o uso de prestadores de serviços legais alternativos, não atrelados à atividade-fim e que oferecem uma gama de serviços jurídicos, muitas vezes a um custo mais baixo que os escritórios de advocacia tradicionais;
- podem incluir serviços como revisão de documentos, apoio a litígios e serviços de consultoria jurídica.
- empresas que usam serviços digitais – *lawtechs* e *legaltechs* –, como automação e Inteligência Artificial, também desempenham um papel nesses modelos, ajudando a acelerar processos e a reduzir a carga de trabalho manual.

5. Modelos híbridos:

- alguns departamentos jurídicos podem optar por um modelo híbrido, no qual uma combinação dos métodos mencionados é usada para otimizar o serviço jurídico. Esse é o modelo mais comum na realidade brasileira;
- a seleção do modelo ou a combinação de mais de um deles depende de uma série de fatores, incluindo a natureza do trabalho jurídico, o custo, a complexidade, o risco envolvido e as preferências estratégicas da organização.

Dentro do contexto da utilização de recursos humanos ou tecnológicos internos ou externos, a chamada Terceirização de Processos de Negócios (*Business Process Outsourcing* – BPO) e o *secondment* jurídico vêm ganhando ampla aderência junto às organizações exponenciais. Vamos explorar cada uma delas.

6. Terceirização de Processos de Negócios (*Business Process Outsourcing* – BPO):

O BPO jurídico envolve a terceirização de processos jurídicos para um provedor de serviços externo. Esse provedor pode ser uma empresa especializada em serviços jurídicos ou um CSC que atenda a várias organizações.

Seguindo a mesma lógica dos CSCs, o BPO pode reduzir significativamente os custos operacionais, pois os provedores de BPO geralmente têm estruturas de custo mais baixas, além de permitir que a equipe interna se concentre em tarefas estratégicas de maior valor, deixando o trabalho processual e rotineiro para o provedor de BPO.

Os provedores de BPO podem rapidamente escalar suas operações para cima ou para baixo em resposta às necessidades flutuantes do cliente, provendo tecnologia avançada e *expertise* específica que pode não ser viável internamente.

Porém, como tudo na vida, também existem desvantagens e pontos de atenção na escolha de provedores de BPO como prestadores de serviços jurídicos. Por exemplo, ao terceirizar processos, a empresa pode sentir que perdeu o controle sobre essas funções, existindo preocupação com a qualidade e a consistência do trabalho, especialmente se o provedor de BPO não estiver familiarizado com a cultura organizacional e as nuances da empresa. Há ainda os inevitáveis riscos associados à segurança da informação e à privacidade dos dados quando o trabalho é feito fora da empresa – a grande diferença entre CSCs e BPOs.

Já o *secondment* jurídico ocorre quando um advogado de um escritório de advocacia ou de um provedor de serviços jurídicos é temporariamente transferido para trabalhar dentro da organização do cliente. Isso permite que o advogado externo se integre à equipe, ganhando uma compreensão aprofundada dos negócios da empresa e oferecendo soluções personalizadas.

A utilização da estratégia de *secondment* jurídico pode ser uma maneira de aumentar rapidamente a equipe jurídica durante picos de trabalho ou para projetos específicos sem o compromisso de longo prazo de contratar um novo funcionário, além de permitir o acesso da organização ao conhecimento especializado e às melhores práticas do escritório de advocacia com o qual o profissional externo mantém seu vínculo de trabalho.

As desvantagens do serviço de *secondment* jurídico também envolvem um possível alto custo, pois, dependendo das taxas cobradas pelo escritório de advocacia para a cessão temporária do advogado, pode ser mais vantajoso economicamente contratar um advogado adicional internamente.

Um problema desafiador envolve a integração do advogado *secondment* à cultura corporativa e aos fluxos de trabalho existentes, visto que o tempo no qual a cessão ocorre é curto, impedindo maior aculturamento por parte do *secondment*.

Por fim, pode-se criar uma dependência em relação ao conhecimento e habilidades do advogado *secondment*, o que pode se revelar um desafio quando o período de cessão terminar. Não à toa, existem muitos casos em que a organização decide por contratar definitivamente o *secondment*.

Tanto o BPO quanto o *secondment* jurídico oferecem opções flexíveis para gerenciar a carga de trabalho e os recursos de um departamento jurídico. A escolha entre eles, ou a decisão de combinar ambos, deve ser baseada na análise

Capítulo 9 • Modelos de Entrega de Serviço e Gestão de Projetos   117

cuidadosa das necessidades da empresa, dos custos envolvidos e dos objetivos estratégicos do departamento jurídico a longo prazo.

Ao escolher o modelo de entrega de serviço, as áreas de *Legal Ops* devem considerar a eficácia do serviço, o controle sobre o trabalho, a flexibilidade, o custo e a capacidade de inovação. A decisão deve ser informada por uma análise cuidadosa das necessidades do negócio, dos recursos disponíveis e dos objetivos estratégicos da organização. Avaliações regulares e ajustes nos modelos de entrega de serviço são essenciais para garantir que o departamento jurídico continue a fornecer valor de maneira eficiente e eficaz.

2. APLICANDO PRINCÍPIOS DE GESTÃO DE PROJETOS NO AMBIENTE JURÍDICO

Quando pensamos em gestão, uma das primeiras palavras que devem vir à mente é **organização**.

Desde começar uma tarefa rotineira até definir metas crucialmente importantes, quando se lida com gestão de equipe e de atividades é preciso, necessariamente, organizar as tarefas envolvidas, de modo a definir fluxos de trabalho e seus cronogramas de implementação e execução.

Organizar tarefas e atividades passa também por definir quem serão os atores envolvidos, afinal processos e fluxos de trabalho são desenvolvidos, na grande maioria das vezes, por várias pessoas.

Na área de *Legal Ops*, essa organização de pessoas e atividades é desafiadora, por se tratar de uma área multidisciplinar, envolvida com a gestão de várias atividades, que envolvem diversos campos de conhecimento, como administração, jurídico, financeiro, contábil, Tecnologia da Informação, entre outros.

Por essa razão, um olhar para fora do ambiente jurídico, em setores onde existe uma gama de atividades e nas quais se necessita da organização de diversos times e tarefas para o desenvolvimento dessas atividades, contribui sobremaneira para uma gestão jurídica eficiente na área de *Legal Ops*.

É da área de gestão de projetos, oriunda dos campos da Tecnologia da Informação e da engenharia, que se podem extrair conhecimentos e ferramentas úteis a essa forma de gestão multidisciplinar e multitarefas.

A gestão de projetos é uma disciplina que envolve o planejamento, a execução e o controle de recursos para alcançar objetivos específicos dentro de prazos estabelecidos. Embora originalmente proveniente de setores como construção e tecnologia, seus princípios e ferramentas são extremamente adaptáveis e benéficos para a gestão jurídica, especialmente na área de *Legal Ops*, que se concentra em otimizar a prestação de serviços jurídicos dentro das organizações.

Alguns princípios de gestão de projetos podem ser aplicados ao *Legal Ops* de modo a propiciar uma gestão multidisciplinar e multitarefas, focada no desenvolvimento, em paralelo, de vários projetos e atividades.

O primeiro princípio é a **definição clara de objetivos**. Em *Legal Ops*, é crucial ter objetivos bem definidos para assegurar que todos os esforços jurídicos estejam alinhados com as metas estratégicas da empresa. A gestão de projetos enfatiza a importância de definir objetivos claros e mensuráveis, o que pode ajudar as equipes jurídicas a priorizar o mais importante e a medir o sucesso de maneira eficaz.

O segundo princípio é a **alocação eficiente de recursos**. Gerir recursos com eficiência é essencial em ambas as áreas. A gestão de projetos oferece ferramentas e técnicas para alocar tempo, orçamento e pessoal de maneira a maximizar a eficiência e a minimizar o desperdício, algo particularmente valioso para departamentos jurídicos que frequentemente operam com recursos limitados.

Os outros dois princípios fundamentais já foram mencionados neste livro, principalmente na parte que trata do planejamento estratégico. Trata-se do **gerenciamento de riscos**, no qual se almeja a identificação e a mitigação das ameaças que envolvem as múltiplas atividades desenvolvidas pela área, implementando práticas de gestão de riscos oriundas da área de gestão de projetos, que podem ajudar as equipes jurídicas a prever e lidar com potenciais problemas antes que eles afetem gravemente a organização; ainda, a **comunicação efetiva** tem como objetivo manter todas as partes interessadas informadas sobre os desenvolvimentos legais, decisões e estratégias. Ferramentas de gestão de projetos podem melhorar a comunicação dentro das equipes jurídicas e com outros departamentos, assegurando que a informação seja compartilhada de forma clara e oportuna.

Entender os princípios comuns às duas áreas cria robustez teórica para a implementação adequada das ferramentas de gestão de projetos na área de *Legal Ops*. Mas a gestão se faz na prática, por isso é importante conhecer algumas ferramentas aplicáveis no cotidiano.

Softwares de gerenciamento de projetos como Asana, Trello e Microsoft Project podem ser utilizados para rastrear o progresso das atividades jurídicas, os prazos e a distribuição de tarefas. Esses sistemas permitem a visualização clara do estado dos projetos e ajudam na coordenação de equipes multidisciplinares.

A automação pode desempenhar um papel crucial em áreas repetitivas do trabalho jurídico, como a criação de contratos padrão e o acompanhamento de prazos regulatórios. Ferramentas de automação, como a criação de algoritmos ou mesmo a utilização de fórmulas predefinidas em *softwares*, como o Microsoft Excel, não só aumentam a eficiência como reduzem a possibilidade de erros humanos.

A utilização de sistemas de gestão do conhecimento também é uma excelente ferramenta para a gestão das atividades do cotidiano. Esses sistemas ajudam

Capítulo 9 • Modelos de Entrega de Serviço e Gestão de Projetos

a organizar a documentação jurídica e o conhecimento institucional, tornando fácil para os membros da equipe acessar e utilizar informações importantes. Isso é essencial para uma gestão eficaz e para a tomada de decisão informada. Alguns exemplos de sistemas de gestão do conhecimento são Astrea, DataJuri, Espaider Escritório e iManager Work, entre vários outros. No sítio eletrônico da AB2L[1] é possível identificar uma gama de sistemas similares.

Existem também *frameworks* da área de gestão de projetos que podem ser aplicados, com sucesso, na área de *Legal Ops.* O primeiro a ser mencionado e explicado é a chamada Matriz RACI.

A Matriz RACI ou Matriz de Responsabilidades surgiu como ferramenta a ser utilizada na gestão de projetos. RACI é um acrônimo que significa: R (*Responsible*), A (*Accountable*), C (*Consulted*) e I (*Informed*) – em português, o Responsável, a Autoridade, o Consultado e o Informado.

A Matriz RACI permite que todos os envolvidos vejam com clareza suas responsabilidades ao longo do fluxo de trabalho, permitindo a padronização e a racionalização de todas as etapas.

Assim, ao planejar um fluxo de trabalho é preciso definir, para cada etapa, quem será:

a) **o Responsável ou Responsáveis** pela execução, pelo desenvolvimento, pela conclusão e pela entrega da atividade envolvida na etapa;

b) **a Autoridade**, a quem caberá organizar a atividade, acompanhar seu desenvolvimento e aceitar ou recusar formalmente a entrega da atividade. O papel da Autoridade (*Accountable*) é o do aprovador, que será cobrado caso algo se desvie do esperado. Por isso só deve haver uma Autoridade por atividade; mesmo que haja delegação da responsabilidade pela aprovação, continuará sendo a Autoridade quem responderá, em caso de falhas, sobre um aceite inadequado da atividade;

c) **o Consultado ou Consultados**, aqueles que, em razão do *know-how,* estão aptos a contribuir com dicas, opiniões e sugestões para otimização e desenvolvimento da atividade. Os Consultados não são meros conselheiros, assumindo a obrigação de responder aos questionamentos dos Responsáveis e da Autoridade quando requisitados; funcionam como uma espécie de assessoria técnica;

d) **os Informado ou Informados**, aqueles que, em razão do cargo ou função, precisam receber informações sobre a conclusão e o início de uma atividade capaz de gerar mudanças em suas atividades de trabalho cotidianas.

Transposta para um fluxograma, a Matriz RACI é na Figura 9.1.

---

[1] O *site* da A2BL vale uma visita: https://ab2l.org.br/.

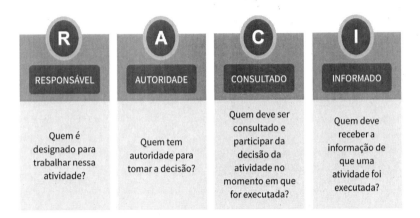

Figura 9.1: Matriz RACI.
Fonte: elaborada pelo autor.

Mesmo tendo surgido na área de gestão de projetos, a Matriz RACI pode perfeitamente ser utilizada na área de *Legal Ops*, pois é um *framework* altamente adaptável e que engloba conceitos presentes em qualquer ambiente organizacional – mesmo aqueles com um nível de hierarquia mínimo.

Organizar os fluxos de trabalhos rotineiros ou mesmo o fluxograma de definição de objetivos estratégicos por via da Matriz RACI trará segurança e previsibilidade não só para o gestor, mas para toda a equipe envolvida.

Outro *framework* valioso da área de gestão de projetos aplicável à área de *Legal Ops* é a **Matriz de Eisenhower**. Essa ferramenta de gestão do tempo serve para definir uma ordem de prioridades para as tarefas, dividindo-as de maneira visual em quatro categorias.

As atividades são, primeiramente, divididas pelo caráter de **urgência** e **importância**; após essa divisão, surgem quatro quadrantes onde se podem encaixar todas as tarefas da área.

O critério de importância está atrelado a quem executará ou participará diretamente da execução da tarefa. Quanto mais importante for a atividade, por óbvio, mais demandará a participação de pessoas-chave em sua execução.

Já o critério da urgência está atrelado à gestão do tempo, critério no qual se analisa se uma atividade é prioritária em sua execução ou se pode aguardar para ser executada.

Assim, ao analisar a execução das atividades, existem sempre duas perguntas, que devem ser respondidas juntas:

1. A tarefa **é urgente**?
2. A tarefa **é importante**?

Para essas duas perguntas, é possível haver quatro respostas:

1. **É urgente e é importante:** pertencem a esse quadrante as atividades mais importantes e sensíveis de um fluxo de trabalho, fundamentais para a continuidade das atividades e que precisam ser cumpridas com prioridade; trata-se de tarefas que demandam a atenção/execução do próprio gestor.
2. **É urgente, mas não é importante:** precisa ser realizada com prioridade, mas não necessariamente pelo gestor; trata-se de uma tarefa que pode ser delegada, com a orientação de execução prioritária.
3. **Não é urgente, mas é importante:** trata-se de uma tarefa importante para a fluidez do fluxo de trabalho, mas que não demanda realização imediata. Significa dizer que é importante o suficiente para demandar a atenção/execução do gestor, mas pode ter sua realização agendada para momento futuro, por não ser prioritária no momento.
4. **Não é urgente e não é importante:** trata-se da tarefa, em tese, desnecessária e que poderia ser retirada do fluxo de trabalho, tendo em mente que maximizar é, acima de tudo, simplificar. Quanto mais simples, prático e ágil meu fluxo de trabalho, mais resultados compreensíveis e rápidos ele produzirá. Assim, se uma tarefa não é urgente nem importante, ela deve ser eliminada do fluxo de trabalho.

A Figura 9.2 apresentas a materialização gráfica da matriz de Einsenhower.

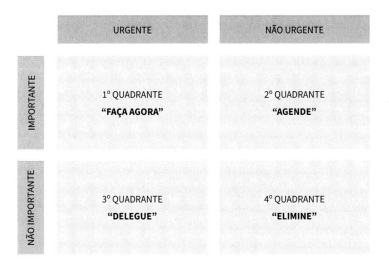

Figura 9.2: Matriz de Eisenhower.
Fonte: elaborada pelo autor.

A utilização dessa ferramenta e de suas definições será útil à área de *Legal Ops* para compreensão e execução dos diversos tipos de tarefas que venham a surgir em sua atuação, possibilitando a melhor destinação de tempo e recursos, de acordo com o enquadramento da atividade. Isso ajudará a manter a gestão organizada e maximizada em termos de produção e eficiência.

Outros *frameworks* e metodologias que não serão aqui aprofundados, como o ciclo PDCA (*Plan-Do-Check-Act*) e as Metodologias Ágeis, também oriundos da área de gestão de projetos, já contam com vasta aplicabilidade no mundo jurídico[2].

Por fim, além de ferramentas e *frameworks*, a gestão de projetos traz mentalidades de gestão, muito úteis à área de *Legal Ops*.

Uma dessas mentalidades é o **Strategic Thinking** (pensamento estratégico), uma abordagem de solução de problemas que envolve uma forma de pensar e analisar os fatos racional, convergente e focada na análise de dados. Essa abordagem está atrelada a processos mentais mais criativos, abstratos e com orientação para o futuro.

O pensamento estratégico visa identificar, imaginar e entender os cenários alternativos futuros, possíveis e plausíveis para a organização – análises preditivas e prescritivas –, de modo a usar essa análise e as informações obtidas em conjunto com a análise dos dados e informações que já estão disponíveis – análise descritiva. Esse cenário permite a criação de um plano de ação que, além de solucionar os problemas apresentados no presente, permitirá a criação de soluções replicáveis no futuro – controles internos – que sejam aptas a enfrentar os desafios e/ou eventos de risco futuros.

Percebe-se que essa mentalidade muito se alinha com a definição de estratégias e o planejamento jurídico, analisados no capítulo 8, uma vez que permite aos integrantes da área de *Legal Ops* a compreensão das ações estratégicas e seu planejamento.

O desenvolvimento e a prática de uma mentalidade voltada para o pensamento estratégico – *Strategic Thinking* – constitui uma etapa de pensamento importante, anterior ao processo de tomada de decisão estratégica, servindo como base de fornecimento de dados e informações cruciais. Estas permitem entender melhor as ameaças, oportunidades, forças e fraquezas da organização e, assim, possibilitam a criação de um processo decisório que leve em consideração os fatos e problemas atuais, sem desconsiderar as probabilidades e possibilidades futuras.

Quando se faz uma análise preditiva dos possíveis cenários futuros, deve-se compreender o principal negócio da organização e saber como as áreas da empresa atuam para concretizá-lo, de modo que essas atuações estejam alinhadas com a

---

[2] Sobre aplicação de metodologias ágeis na área de *Legal Ops*, recomenda-se conhecer o sistema Lawgile, disponível em: https://www.lawgile.com.br/.

Capítulo 9 • Modelos de Entrega de Serviço e Gestão de Projetos

visão da empresa – a posição mercadológica que a empresa espera/deseja atingir em um período varável (3 a 5 anos, por exemplo). É preciso entender, inicialmente, se o caminho escolhido para seguir é o correto para só então analisar as ameaças e oportunidades futuras.

Essa atitude permitirá que as ameaças e oportunidades sejam avaliadas de acordo com a estratégia pensada para a visão do negócio, tornando-as mais objetivas e permitindo, assim, a realização de uma análise prescritiva, que permitirá o desenvolvimento de planos de ação voltados à adoção das melhores práticas a serem usadas nesses cenários.

Assim, conhecendo a fundo o principal negócio da empresa – a missão da organização –, sabendo como se pretende materializar e fortalecer esse negócio nos próximos anos, e de posse de planos de ação que permitam adotar as melhores práticas para concretização da visão do negócio, é possível, por meio da análise de dados e informações presentes, desenvolver um processo de tomada de decisão que não apenas solucionará o problema atual como estará alinhado com a estratégia e as formas de atuação futuras da organização.

Esse modo de pensar gera previsibilidade e segurança para todos os envolvidos no processo de tomada de decisão, na medida em que, antevendo cenários futuros, alinha-se e padroniza a forma de atuação, evitando mudanças abruptas de direção e ações imprevisíveis, capazes de gerar um efeito surpresa negativo.

No âmbito da área de *Legal Ops* o pensamento estratégico – *Strategic Thinking* – pode auxiliar a melhor compreensão das dores da organização como um todo e a maneira como a atuação jurídica é capaz de atenuar e/ou resolver essas dores. Isso porque o departamento jurídico precisa conhecer e entender a missão e a visão da organização.

Essa forma de pensar permitirá aos integrantes da área de *Legal Ops* pensar o processo de tomada de decisão com um olhar de "fora para dentro", ou seja, analisando os cenários externos e futuros da organização para só então compreender como as atividades das demais áreas podem influenciar na formulação desses cenários, a fim de desenvolver planos de ação internos. Um exemplo é a adoção de novas teses de defesa processual; o incentivo ou não à formulação de acordos judiciais e extrajudiciais; o incentivo ou não à adoção de medidas alternativas de solução de conflitos, como a inclusão de cláusula de arbitragem nos contratos – que permitirão à área jurídica atender a visão e os objetivos estratégicos da organização.

A aplicação dos princípios, ferramentas, *frameworks* e mentalidades da área de gestão de projetos na área de *Legal Ops* pode transformar significativamente a eficiência e eficácia das operações jurídicas. Ao adotar essas práticas, os departamentos jurídicos podem melhorar a entrega de serviços, aumentar a satisfação do cliente interno e contribuir de maneira mais estratégica para os objetivos globais da organização.

Capítulo 10
GESTÃO DE RISCOS E SEUS ASPECTOS PROCESSUAIS

1. GESTÃO DE RISCOS E RESPOSTA A INCIDENTES

Todo profissional que atua na área jurídica, seja em departamentos internos ou em escritórios de advocacia, deve reconhecer a importância de ter informações precisas sobre os valores de condenações para garantir a previsibilidade orçamentária de uma empresa ou cliente e a necessidade de informar o mercado e os *stakeholders* sobre eventuais ônus financeiros.

Os pagamentos decorrentes de condenações representam riscos significativos, que podem afetar diretamente o orçamento e as finanças da organização e indiretamente sua confiança e imagem junto ao mercado. Portanto, devem ser cuidadosamente gerenciados.

Infelizmente, apenas uma minoria dos que atuam no setor jurídico mostra familiaridade com a gestão de riscos, apesar da importância crítica dessa abordagem para as operações jurídicas e para o ambiente empresarial de modo geral.

Para o profissional jurídico que opera na área de *Legal Ops*, de maneira multidisciplinar, compreender os conceitos de **risco, causas e consequências** é essencial. Estar equipado para desenvolver e implementar planos de controle eficazes para mitigar esses riscos é crucial, pois tais habilidades permitem que o jurídico se integre mais profundamente ao núcleo estratégico da empresa.

Um dos riscos mais relevantes na gestão jurídica é a monitoração contínua da possibilidade de perdas financeiras provenientes de condenações (tanto provisões quanto passivos contingentes) e a previsão do recebimento de valores oriundos de decisões judiciais (ativos contingentes).

Assim, é importante a compreensão da necessidade de entender e aplicar adequadamente as normas do Pronunciamento n. 25 do Comitê de Pronunciamentos Contábeis (CPC), visando a uma gestão de riscos eficaz, especialmente no que diz respeito à análise e ao monitoramento de provisões e passivos contingentes.

Para o operador jurídico da área de *Legal Ops* é essencial o conhecimento e a aplicação dos conceitos de provisão, passivo e ativo contingente, de modo a entender o processo de gestão de riscos em suas diversas fases e, finalmente, realizar uma análise detalhada das normativas do CPC 25 em conjunto com a gestão de riscos. Isso possibilita gerar informações e planos de ação que ajudarão a mitigar os riscos econômicos decorrentes de decisões judiciais.

Para que essa compreensão seja paulatina e adequada, primeiro se deve entender o contexto histórico da criação do CPC 25 e a necessidade de sua completa adesão em um mercado cada vez mais competitivo e avesso ao risco. Garantida essa compreensão histórica, é possível passar para uma análise de estratégias de gestão de riscos empresariais, abordando suas etapas e a maneira como elas se aplicam especificamente ao setor jurídico das empresas para, ao final, compreender e aplicar corretamente as práticas relacionadas ao provisionamento judicial a fim de fortalecer a gestão de riscos da empresa.

O contexto histórico da criação do CPC 25 foi marcado pela necessidade de transparência, ética e rigor após o escândalo da Enron, que resultou na elaboração da Lei Sarbanes-Oxley nos Estados Unidos. Esse marco regulatório impactou as práticas de governança corporativa em nível global, levando à necessidade de conformidade, inclusive para empresas brasileiras listadas em bolsas internacionais. No Brasil, mudanças significativas incluíram a criação do Comitê de Pronunciamentos Contábeis pelo Conselho Federal de Contabilidade, demonstrando a evolução das práticas e normas contábeis e de governança corporativa no país.

O principal aspecto se refere à relevância e ao conhecimento dos efeitos que a má gestão de riscos das atividades pode gerar não só na atividade empresarial em si mas em todo o ambiente negocial envolvido. Dar a devida atenção e importância à gestão de riscos das atividades econômicas, por meio de mecanismos de controle de ações causadoras de riscos e do estabelecimento de parâmetros de atuação e comportamentos diligentes, tornou-se fundamental em uma sociedade hiperconectada, na qual cabe a metáfora de que arremessar uma pedra no meio do "lago econômico de uma grande empresa" gera ondas que avançam em todas as direções, chegando às regiões mais distantes e periféricas desse lago.

Ainda em alusão a essa metáfora, o marco inicial da pedra arremessada no lago econômico mundial, que mudou todo o sistema legislativo e comportamental de gestão de riscos empresariais, deu-se em outubro de 2001, com o maior escândalo de fraude contábil da história: o caso Enron, envolvendo uma das gigantes da energia estadunidense, que se dedicava à exploração e distribuição de eletricidade e gás natural.

A fraude monstruosa impactou diretamente o mercado de capitais e valores mobiliários dos Estados Unidos, gerando uma crise de desconfiança na real solvibilidade das empresas e na veracidade das informações contábeis. O caso intensificou a preocupação com a transparência, a ética e o rigor nas auditorias contábeis das empresas e em suas práticas de governança.

Capítulo 10 • Gestão de Riscos e Seus Aspectos Processuais 127

Esse movimento levou à criação da Lei Sarbanes-Oxley (*Sarbanes-Oxley Act*) – também chamada de Lei SOX –, assinada nos Estados Unidos em 30 de julho de 2002 pelo senador Paul Sarbanes (Democrata de Maryland) e pelo deputado Michael Oxley (Republicano de Ohio). Essa norma teve o claro objetivo imediato de evitar o esvaziamento dos investimentos financeiros e a fuga dos investidores causada pela aparente insegurança a respeito da governança adequada das empresas; seu objetivo mediato foi obrigar à criação, nas empresas, de mecanismos de auditoria e segurança confiáveis, incluindo ainda regras para a criação de comitês encarregados de supervisionar suas atividades e operações, de modo a mitigar riscos aos negócios, evitar a ocorrência de fraudes ou assegurar meios de identificá-las quando ocorrem, garantindo assim a transparência na gestão empresarial.

Essa mudança legislativa acabou por gerar a necessidade de readequação das práticas e normas contábeis e de governança corporativa não só no ambiente empresarial interno estadunidense mas em todo o mundo, de modo a permitir que as empresas estrangeiras que possuíam papéis negociados na Bolsa de Valores de Nova York – inclusive grandes empresas brasileiras, como Aracruz, Petrobras, Ambev, Gol Linhas Aéreas, entre outras – se adequassem às exigências normativas da Lei SOX.

Especificamente no Brasil, diversas mudanças ocorreram, entre elas a criação do Comitê de Pronunciamentos Contábeis (CPC), por via da Resolução n. 1.055/2005 do Conselho Federal de Contabilidade. O CPC tem como objetivo:

> ... o estudo, o preparo e a emissão de documentos técnicos sobre procedimentos de Contabilidade e a divulgação de informações dessa natureza, para permitir a emissão de normas pela entidade reguladora brasileira, visando à centralização e uniformização do seu processo de produção, levando sempre em conta a convergência da Contabilidade Brasileira aos padrões internacionais (redação definida no art. 3º da mencionada Resolução – alterado pela Resolução CFC n. 1.567/2019).

Os normativos surgidos nas últimas duas décadas demonstram não só a preocupação, mas a evolução das melhores práticas e normas afetas às informações contábeis e à governança corporativa, também no Brasil.

Compreendido o contexto histórico da gestão de riscos, passemos ao essencial entendimento dos conceitos básicos no processo de gestão de riscos. Para tanto, a imagem exibida na Figura 10.1, retirada da área de gestão de riscos da Infraero Brasil, é extremamente didática.

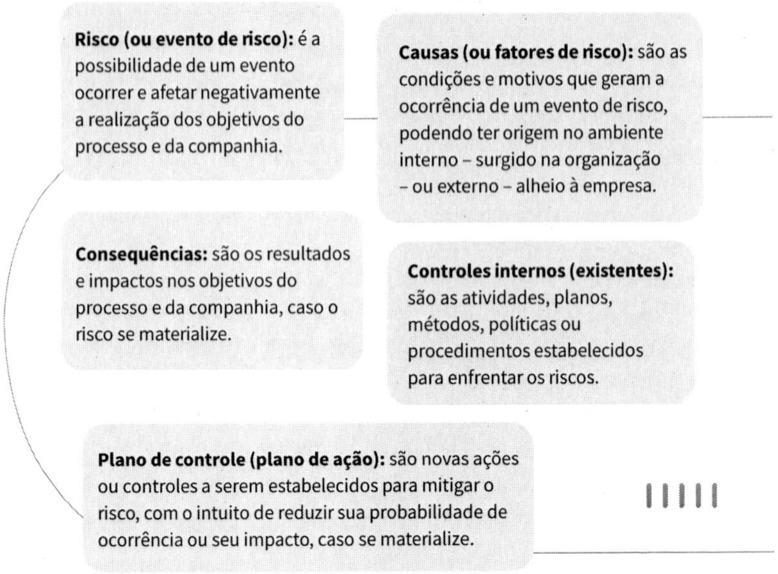

Risco (ou evento de risco): é a possibilidade de um evento ocorrer e afetar negativamente a realização dos objetivos do processo e da companhia.

Causas (ou fatores de risco): são as condições e motivos que geram a ocorrência de um evento de risco, podendo ter origem no ambiente interno – surgido na organização – ou externo – alheio à empresa.

Consequências: são os resultados e impactos nos objetivos do processo e da companhia, caso o risco se materialize.

Controles internos (existentes): são as atividades, planos, métodos, políticas ou procedimentos estabelecidos para enfrentar os riscos.

Plano de controle (plano de ação): são novas ações ou controles a serem estabelecidos para mitigar o risco, com o intuito de reduzir sua probabilidade de ocorrência ou seu impacto, caso se materialize.

Figura 10.1: Processo de gestão de riscos.
Fonte: Área de Gestão de Riscos da Infraero Brasil.

Entender as definições de risco, causa, consequência, controles internos e plano de controle é crucial para analisar dados e informações na área de *Legal Ops*, identificando corretamente o que constitui um risco e estruturando métodos de controle adequados, além de definir planos de gerenciamento para mitigá-los ou, idealmente, eliminá-los.

No contexto jurídico, é importante reconhecer que nem toda fragilidade interna ou ameaça externa se qualifica como um risco significativo. Apenas eventos potenciais que possam impactar negativamente os objetivos da empresa devem ser classificados desse modo.

Nem todos os contratempos em processos judiciais ou na elaboração de contratos devem ser automaticamente considerados riscos. Uma análise eficaz nesse âmbito exige um conhecimento prévio detalhado sobre o cliente, o *core business* da empresa e seus objetivos estratégicos, facilitando o alinhamento das ações da área jurídica com as metas da organização.

Com o entendimento dos objetivos estratégicos da empresa e a definição das estratégias jurídicas, fica mais fácil identificar as vulnerabilidades internas e as ameaças externas, ou seja, os riscos que podem afetar negativamente as estratégias e planos estabelecidos.

Entender as condições e causas que podem gerar riscos é vital para realmente compreender a origem desses eventos e possibilitar não apenas sua correção ou eliminação, mas também a implementação de planos de ação focados na raiz do problema a fim de evitar recorrências ou intensificações inesperadas.

A análise correta das causas de um risco possibilita prever os impactos negativos que podem surgir se ele se materializar. Conhecendo as causas, é possível antever as consequências, que são os impactos diretos resultantes dos eventos de risco.

Dessa forma, é importante diferenciar claramente causa de consequência na execução de um plano de ação: enquanto a causa se refere às origens do risco (relacionadas ao passado), a consequência lida com os impactos gerados (presentes ou futuros).

Depois que se conhecem os riscos, suas causas e consequências, inicia-se a fase de planejamento e implementação de ações para prevenir ou mitigar esses eventos. O planejamento começa com a definição dos controles internos, que incluem atividades, planos, métodos, políticas ou procedimentos desenvolvidos para enfrentar os riscos.

Uma organização com uma forte política de *compliance* e governança – destacando a importância da agenda ESG (*Environmental, Social and Governance*) – deve contar com uma área dedicada à gestão de riscos. Não se deve esperar a materialização de um risco para agir; antecipar e prevenir é essencial.

Assim, os controles internos devem ser estabelecidos antes da ocorrência dos riscos, transmitindo a todos os *stakeholders* a mensagem de que a empresa está preparada para enfrentar adversidades – o que cria previsibilidade e segurança.

Após enfrentar e gerenciar os riscos, chega-se à fase final, mas crucial, do ciclo de gestão de riscos: o aprendizado. Compreender por que um evento de risco ocorreu, e por que os controles não foram suficientes para prevenir ou mitigar seu impacto, é essencial para evitar futuras repetições. Portanto, desenvolver e definir novos planos de controle, que podem trazer melhorias aos controles existentes, é vital, já que a gestão de riscos é um processo dinâmico.

Com esse entendimento sobre os conceitos e etapas da gestão de riscos e sua importância para a organização se torna mais fácil abordar os modos de atuação do *Legal Ops* para que o departamento jurídico ou o escritório de advocacia consiga desenvolver uma adequada gestão de riscos no âmbito jurídico.

A área de *Legal Ops* ajuda a centralizar e a organizar informações legais, o que é crucial para uma análise eficaz de riscos. Com sistemas adequados de gerenciamento de documentos e dados, essa área permite que as equipes jurídicas acessem informações relevantes com rapidez. Isso é essencial para responder a litígios de maneira eficiente e para realizar auditorias legais periódicas capazes de identificar potenciais vulnerabilidades antes que se transformem em problemas maiores.

O uso de tecnologias avançadas é outro aspecto central de *Legal Ops* na gestão de riscos judiciais. Ferramentas de análise preditiva e de inteligência artificial podem ser utilizadas para prever resultados de casos, identificar padrões em litígios e antecipar áreas de risco potencial. Isso permite que as empresas tomem decisões baseadas em dados e desenvolvam estratégias jurídicas mais informadas e proativas.

A área de *Legal Ops* promove uma gestão de contratos mais rigorosa, utilizando *softwares* que monitoram os termos contratuais, os prazos e obrigações das partes. Essa abordagem ajuda a prevenir disputas e a minimizar riscos de não conformidade. Além disso, a automação de processos contratuais reduz erros humanos e aumenta a eficiência operacional, mitigando riscos associados à gestão manual.

Por representar uma ponte entre o departamento jurídico e outros setores da empresa, atuando de forma multidisciplinar e multitarefas, a área de *Legal Ops* facilita a colaboração interdepartamental. Isso é vital para uma gestão de riscos eficaz, pois muitos riscos judiciais surgem de falhas ou mal-entendidos entre diferentes setores da empresa. Por meio da comunicação efetiva e de políticas claras, o *Legal Ops* pode ajudar a garantir que todas as partes estejam alinhadas com as práticas legais e as regulamentações aplicáveis.

O *Legal Ops* também pode liderar iniciativas de treinamento e conscientização sobre questões legais dentro da empresa. Educando os funcionários a respeito da legislação relevante e das melhores práticas, a área contribui para reduzir negligências que poderiam resultar em litígios. A conscientização ajuda a criar uma cultura de *compliance*, diminuindo significativamente os riscos judiciais.

A função de *Legal Ops* inclui monitorar o ambiente regulatório e garantir que a empresa esteja em conformidade com as leis aplicáveis, o que inclui a adaptação a mudanças legais e regulamentares capazes de afetar a empresa. Manter a conformidade reduz o risco de litígios, penalidades e danos à reputação, protegendo a empresa de consequências legais adversas.

Em resumo, a área de *Legal Ops* é essencial para uma gestão de riscos judiciais eficaz dentro das empresas. Ao melhorar a organização, empregar tecnologia avançada, gerenciar contratos de modo eficiente, facilitar a colaboração, educar os funcionários e monitorar a conformidade, *Legal Ops* não apenas reduz a possibilidade de litígios, mas também prepara a organização para responder de forma ágil e informada quando surgem desafios legais. Assim, essa área contribui não apenas para a estabilidade jurídica da empresa, mas também para sua sustentabilidade e sucesso a longo prazo.

2. RISCOS PROCESSUAIS

Compreendida a necessidade de demonstrar, por parte do departamento jurídico e/ou de um escritório, uma análise sólida e constante dos riscos envolvendo suas atividades – no caso dos escritórios, dos riscos envolvendo as atividades de seus clientes – como atribuição extremamente relevante para a segurança e a previsibilidade do *core business* da empresa, passaremos a um estudo mais específico dos riscos envolvendo processos judiciais.

Especificamente na área do contencioso judicial, ter uma noção de possíveis perdas permite à organização se preparar financeiramente (provisionando valores) para sustentar essas perdas e administrar os possíveis ganhos, permitindo inclusive passar ao mercado e seus *stakeholders* essas probabilidades. Esse conhecimento prévio evita surpresas e quebras de fluxo de caixa. Antever ou prever o desembolso dessas quantias permite à organização trabalhar com um orçamento que, de fato, reflita sua realidade financeira.

A preocupação em melhor estruturar normas e metodologias atinentes ao gerenciamento de riscos, gerando maior transparência e fortalecendo a governança das empresas, para evitar escândalos contábeis como o ocorrido no caso Enron, tornou-se uma tendência mundial. Nesse cenário surgiu a necessidade de empregar um padrão único na análise das demonstrações contábeis. Muitos países decidiram pela adequação às Normas Internacionais de Contabilidade (*International Financial Reporting Standard* – IFRS).

Uma das Normas Internacionais de Contabilidade mais importantes nesse contexto de preocupação e fortalecimento da governança das empresas é a IAS/37. Essa Norma Internacional de Contabilidade foi aprovada pelo Conselho do Comitê de Normas Internacionais de Contabilidade (*International Accounting Standards Committee* – IASC), em julho de 1998 e se tornou eficaz e vigente para as demonstrações financeiras que começaram em 1º de julho de 1999.

A IAS/37 padronizou internacionalmente os conceitos de provisão, passivo contingente e ativo contingente, fundamentais para a análise de riscos envolvendo as atividades típicas do contencioso judicial.

O Brasil se adequou à tendência de padronização das normas internacionais por meio da criação do Comitê de Pronunciamentos Contábeis (CPC), que tem entre suas funções adaptar as Normas Internacionais de Contabilidade à nossa realidade normativa.

Em 2009, o CPC, praticamente traduzindo a IAS/37, editou o Pronunciamento n. 25 – o famoso CPC 25 –, que incorporou internamente os conceitos internacionais de provisão, passivo contingente e ativo contingente. O CPC 25 tem como objetivo estabelecer os "critérios de reconhecimento e bases de mensuração apropriados a provisões e a passivos e ativos contingentes", estabelecendo os seguintes conceitos:

a) **Passivo:** uma obrigação presente da entidade, derivada de eventos já ocorridos, cuja liquidação se espera que resulte na saída de recursos da entidade capazes de gerar benefícios econômicos.

b) **Provisão:** um passivo de prazo ou valor incerto.

c) Passivo contingente: uma obrigação possível que resulta de eventos passados e cuja existência será confirmada apenas pela ocorrência ou não de um ou mais eventos futuros incertos não totalmente sob controle da entidade; ou uma obrigação presente que resulta de eventos passados, mas que não é reconhecida porque:

c.1) não é provável que uma saída de recursos que incorporam benefícios econômicos seja exigida para liquidar a obrigação; ou o valor da obrigação não pode ser mensurado com suficiente confiabilidade.

d) Ativo contingente: um ativo possível que resulta de eventos passados e cuja existência será confirmada apenas pela ocorrência ou não de um ou mais eventos futuros incertos não totalmente sob controle da entidade.

Antes do aprofundamento nos conceitos de provisão, passivo, passivo contingente e ativo contingente, é importante entender o que significa o termo "contingente".

Contingente é um fato que ocorre por acaso ou por acidente, de modo casual, ou, ainda, que pode não ocorrer. Trata-se de um fato que é incerto, duvidoso e que traz uma conotação de futuro, de possibilidade ou não de acontecer.

O Pronunciamento n. 25 estabelece que "o termo 'contingente' é usado para passivos e ativos que não sejam reconhecidos porque a sua existência somente será confirmada pela ocorrência ou não de um ou mais eventos futuros incertos não totalmente sob o controle da entidade".

Entendendo o fundamental conceito de "contingente", podemos, a partir de agora, melhor compreender os conceitos de provisão, passivo contingente e ativo contingente, começando pelas clássicas definições contábeis de ativo e passivo. Passivo é o conjunto de obrigações financeiras de uma empresa, incluindo dívidas, despesas e todas as obrigações financeiras e sociais, devendo ser registrado independentemente dos prazos para a quitação dos débitos e das recorrências de cada gasto. Ativo, por sua vez, são recursos, bens e direitos de uma empresa que podem ser transformados em valores econômicos em seu proveito, de forma imediata ou a longo prazo.

Fica claro que a definição de passivo passa pela existência de uma obrigação e que demandará um desembolso financeiro, com efetivo proveito econômico. Significa dizer que, para ser enquadrada como passivo, uma obrigação precisa ser conhecida e gerar desembolso financeiro, que trará algum benefício econômico para a empresa, como a quitação de um débito e o término de uma dívida/obrigação.

Logo, pode-se chegar à conclusão de que os conceitos de contingente e passivo se diferenciam na questão da incerteza. Por essa razão, um passivo contingente não pode ser considerado um passivo por definição clássica, porque sua existência somente será confirmada pela ocorrência ou não de um ou mais eventos futuros incertos não totalmente sob o controle da entidade.

O Pronunciamento n. 25 assim define a questão:

13. Este Pronunciamento Técnico distingue entre:

(a) provisões – que são reconhecidas como passivo (presumindo-se que possa ser feita uma estimativa confiável) porque são obrigações presentes e é provável que uma saída de recursos que incorporam benefícios econômicos seja necessária para liquidar a obrigação; e

(b) passivos contingentes – que não são reconhecidos como passivo porque são:

(i) obrigações possíveis, visto que ainda há de ser confirmado se a entidade tem ou não uma obrigação presente que possa conduzir a uma saída de recursos que incorporam benefícios econômicos, ou

(ii) obrigações presentes que não satisfazem os critérios de reconhecimento deste Pronunciamento Técnico (porque não é provável que seja necessária uma saída de recursos que incorporem benefícios econômicos para liquidar a obrigação, ou não pode ser feita uma estimativa suficientemente confiável do valor da obrigação).

Um ponto importante está em notar o conceito de provisão, como um passivo de prazo ou valor incerto. Uma provisão é considerada um passivo, pois sua obrigação é existente; ela se encontra no presente e não depende de um evento futuro incerto para se concretizar. Porém, sua liquidação e/ou o momento em que gerará o desembolso financeiro ainda são incertos.

Essas definições ajudam a compreender que, para efeitos contábeis de uma empresa, só devem ser consideradas passivos e assim contabilizadas as obrigações existentes e que gerarão desembolso financeiro, com consequente proveito econômico.

Assim, pode-se concluir que um fato ou ato só deve ser reconhecido como provisão – e, consequentemente, como passivo – quando: a) se tratar de uma obrigação presente (legal ou não formalizada), decorrente de um evento passado; b) for provável que demandará uma necessária saída de recursos que incorporem benefícios econômicos para liquidar a obrigação; e c) puder ser feita uma estimativa confiável do valor da obrigação.

Porém, isso não significa dizer que dentro do conceito de gestão de risco os passivos contingentes não precisam ser acompanhados e divulgados, de modo a dar transparência e previsibilidade à gestão da empresa. Apenas não devem gerar provisionamento contábil no orçamento da empresa.

Entretanto, como já visto, não são todos os fatos e eventos que devem ser objeto da gestão de riscos: esta última classe inclui somente os potenciais eventos que possam ocorrer e que afetem negativamente a realização dos objetivos da empresa. Ou seja, somente os fatos **POSSÍVEIS OU PROVÁVEIS** de acontecer merecem a gestão de riscos.

134 — *Parte III • Processos em* Legal Ops

O Quadro 10.1 exemplifica a classificação de uma obrigação – provisão ou passivo contingente – e quais providências tomar, conforme o grau de certeza da materialização da obrigação, sua probabilidade de ocorrência e sua estimativa de valor.

Quadro 10.1 Classificação da obrigação – provisão ou passivo contingente

OBRIGAÇÃO	PROBABILIDADE DE SAÍDA DE RECURSOS	POSSIBILIDADE DE ESTIMATIVA CONFIÁVEL DE VALOR	CLASSIFICAÇÃO	FORMAS DE EVIDENCIAÇÃO
Presente	Provável	Possível	Provisão	Balanço patrimonial e notas explicativas
Presente	Provável	Não possível	Passivo contingente	Notas explicativas
Presente	Pouco provável	Possível ou não possível	Passivo contingente	Notas explicativas
Presente	Remota	Possível ou não possível	Passivo contingente	Não é divulgado
Possível	Provável	Possível	Passivo contingente	Notas explicativas

Fonte: MMP CURSOS. *O que é passivo? O que é provisão? O que é um passivo contingente? Quando usar um ou outro? Quais as diferenças?* 2024. Disponível em: https://mmpcursos.com.br/o-que-e-passivo-o-que-e-provisao-o-que-e-passivo-contingente-quando-usar-um-ou-outro-quais-as-diferencas/. Acesso em: 12 fev. 2025.

Em acréscimo ao quadro explicativo, o Pronunciamento n. 25 define as ações a serem adotadas no caso de identificação de provisões, passivos contingentes e ativos contingentes, além de trazer um fluxo explicativo (Quadros 10.2 e 10.3).

Quadro 10.2 Provisão e passivo contingente

São caracterizados em situações nas quais, como resultado de eventos passados, pode haver uma saída de recursos envolvendo benefícios econômicos futuros na liquidação de: (a) obrigação presente; ou (b) obrigação possível cuja existência será confirmada apenas pela ocorrência ou não de um ou mais eventos futuros incertos não totalmente sob controle da entidade.		
Há obrigação presente que provavelmente requer uma saída de recursos.	Há obrigação possível ou obrigação presente que pode requerer, mas provavelmente não irá requerer, uma saída de recursos.	Há obrigação possível ou obrigação presente cuja probabilidade de uma saída de recursos é remota.
A provisão é reconhecida (item 14).	Nenhuma provisão é reconhecida (item 27).	Nenhuma provisão é reconhecida (item 27).
Divulgação é exigida para a provisão (itens 84 e 85).	Divulgação é exigida para o passivo contingente (item 86).	Nenhuma divulgação é exigida (item 86).
Fonte: elaborado pelo autor.		

Capítulo 10 • Gestão de Riscos e Seus Aspectos Processuais

Quadro 10.3 Ativo contingente

São caracterizados em situações nas quais, como resultado de eventos passados, há um ativo possível cuja existência será confirmada apenas pela ocorrência ou não de um ou mais eventos futuros incertos não totalmente sob controle da entidade.

A entrada de benefícios econômicos é praticamente certa.	A entrada de benefícios econômicos é provável, mas não praticamente certa.	A entrada não é provável.
O ativo não é contingente (item 33).	Nenhum ativo é reconhecido (item 31).	Nenhum ativo é reconhecido (item 31).
	Divulgação é exigida (item 89).	Nenhuma divulgação é exigida (item 89).
Fonte: elaborado pelo autor.		

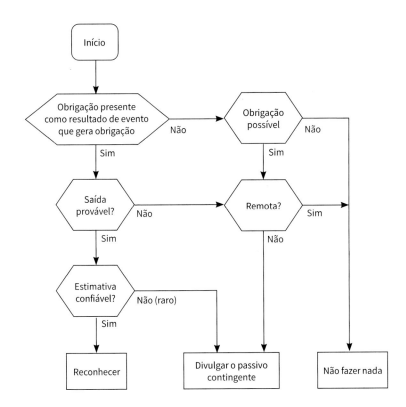

Figura 10.2: Fluxo de ações.
Fonte: elaborada pelo autor.

Como visto, o grau de certeza do acontecimento de uma obrigação influencia o tratamento que será dado ao evento dentro da gestão de risco. Se uma obrigação for presente, fruto de um evento passado e demandar a saída efetiva de uma quantia monetária mensurável, tratar-se-á de um evento de risco, que merece a aplicação de controles internos imediatos, por via de sua classificação como provisão. Esta demandará um bloqueio no orçamento, além de sua necessária divulgação.

Porém, quando se trata de decisões judiciais, pode-se discutir tanto se certos eventos ocorreram quanto se eles de fato resultaram em uma obrigação presente.

Isso significa dizer que um determinado ato/fato jurídico ocorrido no passado – evento passado – levou à adoção de medida judicial, que poderá ensejar uma obrigação presente, dentro do ano contábil da empresa.

Nesse caso, é preciso considerar toda a evidência disponível, incluindo, por exemplo, a opinião de peritos, a avaliação de riscos processuais, a análise de jurisprudência similar ao assunto discutido, entre outros pontos. Com base nessas evidências se devem fazer as seguintes avaliações de risco:

1. Quando for mais provável que sim do que não que exista uma obrigação presente na data do balanço – ou seja, que ocorra uma decisão judicial desfavorável, dentro do ano contábil –, deve-se reconhecer a provisão (atentando à obrigatoriedade de a decisão judicial ensejar um efetivo dispêndio financeiro que possa ser mensurado), o que gerará um necessário bloqueio no orçamento do valor provisionado.

2. Quando for mais provável que não exista uma obrigação presente na data do balanço – ou seja, que provavelmente não ocorrerá uma decisão judicial desfavorável dentro do ano contábil, ou mesmo que a ocorrência, a qualquer tempo, é improvável –, a qual, por consequência, poderá ensejar um possível desembolso financeiro, deve-se apenas divulgar um passivo contingente, sem que haja bloqueio no orçamento.

3. Quando a decisão judicial for presente ou provável, mas o desembolso financeiro decorrente de sua produção de efeitos for uma remota possibilidade, nem sequer a divulgação será necessária.

Assim, aplicando os conceitos e metodologias de gestão de riscos em relação à produção de efeitos das decisões judiciais, estas podem ser classificadas como de **risco possível** (enquadram-se em provisões e demandam controles internos – bloqueio orçamentário e sua divulgação), de **risco provável** (enquadram-se no passivo contingente e demandam apenas um controle interno – sua divulgação) e de **risco remoto** (não se enquadram no passivo contingente e não demandam nenhum controle interno atrelado à gestão de risco).

Capítulo 10 • Gestão de Riscos e Seus Aspectos Processuais

O Pronunciamento n. 25 fornece um interessante exemplo de análise de provisão e passivo contingente atrelado à gestão de risco, em um caso judicial:

Exemplo 10A – Caso judicial

Após um casamento em 20X0, dez pessoas morreram, possivelmente por resultado de alimentos envenenados oriundos de produtos vendidos pela entidade. Procedimentos legais são instaurados para solicitar indenização da entidade, mas esta disputa o caso judicialmente. Até a data da autorização para a publicação das demonstrações contábeis do exercício findo em 31 de dezembro de 20X0, os advogados da entidade aconselham que é provável que a entidade não será responsabilizada. Entretanto, quando a entidade elabora as suas demonstrações contábeis para o exercício findo em 31 de dezembro de 20X1, os seus advogados aconselham que, dado o desenvolvimento do caso, é provável que a entidade será responsabilizada.

(a) Em 31 de dezembro de 20X0

Obrigação presente como resultado de evento passado que gera obrigação – Baseado nas evidências disponíveis até o momento em que as demonstrações contábeis foram aprovadas, não há obrigação como resultado de eventos passados.

Conclusão – Nenhuma provisão é reconhecida. A questão é divulgada como passivo contingente, a menos que a probabilidade de qualquer saída seja considerada remota.

(b) Em 31 de dezembro de 20X1

Obrigação presente como resultado de evento passado que gera obrigação – Baseado na evidência disponível, há uma obrigação presente.

Saída de recursos envolvendo benefícios futuros na liquidação – Provável.

Conclusão – Uma provisão é reconhecida pela melhor estimativa do valor necessário para liquidar a obrigação.

Esse exemplo reforça a importante percepção de dinamismo da gestão de risco. Em um primeiro momento, a avaliação de risco indicava que o evento de risco era pouco provável de ocorrer, o que somente ensejou a classificação de risco como passivo contingente, requerendo apenas a divulgação do evento de risco. Após sua reavaliação, porém, ocorrida no ano seguinte, o mesmo evento de risco, por fatores inerentes ao desenrolar processual, passou a ser avaliado como de provável ocorrência, o que ensejou nova avaliação de risco, passando-se a classificá-lo como provisão, o que por sua vez gerou a adoção de controles internos adicionais, como bloqueio orçamentário do valor estimado, além de nova divulgação da reclassificação do evento de risco.

Isso demonstra que a prática de revisão das avaliações de riscos deve ser constante e, de preferência, sempre atrelada a momentos-chave do desenrolar processual, os quais têm o poder de modificar a probabilidade de materialização da obrigação e da ocorrência do desembolso financeiro. Exemplificando, sem criar um rol taxativo, podemos citar as avaliações de perdas de prazos processuais, as conclusões periciais, as decisões judiciais, o trânsito em julgado, a liquidação do pedido e sua eventual homologação judicial.

A não realização das reavaliações de riscos impede a área jurídica de ter o real conhecimento do estado de risco de seus processos, o que, por consequência, impede a adoção de controles internos e futuros planos de ações, além de dificultar uma melhor análise de causa e consequências dos riscos gerados. Essa abordagem compromete inclusive a fidedignidade da divulgação das informações contábeis e o provisionamento do orçamento da empresa.

Compreender a evolução histórica das ferramentas de gestão de riscos possibilita perceber a constante preocupação com a melhoria da gestão empresarial, por via do aprimoramento das normas, da padronização e da maior transparência das práticas contábeis e de governança, de modo a impedir atuações contábeis fraudulentas.

Esse cenário levou à criação de uma série de normas contábeis internacionais aplicáveis e exigíveis às empresas multinacionais, destacando-se, para efeitos de gestão de risco, a IAS/37, que padronizou internacionalmente os conceitos de provisão, passivo contingente e ativo contingente – conceitos fundamentais para uma análise de riscos envolvendo as atividades típicas do contencioso judicial.

No Brasil, o Comitê de Pronunciamentos Contábeis, entidade pertencente ao Conselho Nacional de Contabilidade que tem entre suas funções adaptar as Normas Internacionais de Contabilidade à nossa realidade normativa, editou, em 2009, o Pronunciamento n. 25, que reflete uma tradução da IAS/37.

Já vimos que o Pronunciamento n. 25, popularmente chamado de CPC 25, traz, entre outros conceitos, as definições de passivo, provisão, passivo contingente e ativo contingente, esclarecendo que passivo é uma obrigação presente da entidade, derivada de eventos já ocorridos, cuja liquidação se espera que resulte na saída de recursos capazes de gerar benefícios econômicos. A provisão é um passivo – no sentido de representar uma obrigação presente –, mas com prazo de saída de recursos e/ou liquidação de valores ainda incerto.

Já o passivo contingente, embora possua o termo "passivo" no nome, não é considerado um passivo para efeitos contábeis, uma vez que consiste em uma obrigação possível, ainda não presente, derivada de eventos passados e cuja existência será confirmada apenas pela ocorrência ou não de um ou mais eventos futuros incertos não totalmente sob controle da entidade. Pode, ainda, ser uma obrigação presente que resulta de eventos passados, mas que não é reconhecida porque ou não é provável que uma saída de recursos que incorporam benefícios econômicos seja exigida para liquidar a obrigação, ou o valor da obrigação não pode ser mensurado com suficiente confiabilidade (diferentemente da provisão, na qual o valor apenas ainda é incerto, mas poderá ser mensurado).

Assim, pode-se concluir que a diferença principal entre provisão e passivo contingente está no fato de que a provisão na verdade é um passivo

Capítulo 10 • Gestão de Riscos e Seus Aspectos Processuais   139

reconhecido, mas com prazo e valores incertos, enquanto o passivo contingente não é passivo, pois não satisfaz nenhum dos critérios de reconhecimento nas demonstrações contábeis. Ou seja, são obrigações possíveis, que ainda podem – ou não – ser confirmadas.

Em relação aos ativos contingentes, a mesma lógica se aplica, não sendo considerados ativos, pois não são derivados de uma obrigação presente decorrente de eventos passados e cuja entrada de recursos financeiros é certa ou praticamente certa. São obrigações possíveis cuja existência ainda será confirmada pela ocorrência ou não de um ou mais eventos futuros prováveis e que poderá, provavelmente, ensejar a entrada de recursos financeiros para a empresa.

Quando se trata da gestão de riscos envolvendo condenações judiciais, que podem ser enquadradas como obrigações legais, pode-se discutir tanto se certos eventos ocorreram quanto se esses eventos de fato resultaram em uma obrigação presente. Isso significa esclarecer que um determinado ato/fato jurídico ocorrido no passado ensejou a adoção de uma medida judicial, que por sua vez poderá dar origem a uma obrigação presente, dentro do ano contábil da empresa.

Logo, em relação à produção de efeitos das decisões judiciais, estas podem ser classificadas como de risco provável (é mais provável que sim do que não que ocorra uma decisão judicial desfavorável dentro do ano contábil; enquadram-se em provisões e demandam controles internos – bloqueio orçamentário e sua divulgação), de risco possível (é mais provável que não exista uma decisão judicial desfavorável dentro do ano contábil ou mesmo que a probabilidade de ocorrência, a qualquer tempo, seja improvável; enquadram-se em passivo contingente e demandam apenas um controle interno – sua divulgação) e de risco remoto (a decisão judicial pode ser presente ou provável, mas o desembolso financeiro decorrente de sua produção de efeitos é uma remota possibilidade; não se enquadra no passivo contingente e não demanda nenhum controle interno atrelado à gestão de riscos).

Sendo a gestão de riscos uma atividade dinâmica, na qual os eventos de risco podem sofrer mudanças em sua probabilidade de ocorrência e/ou em seus prazos e graus de impacto, a prática de revisão das avaliações de riscos deve ser constante e, de preferência, sempre atrelada a momentos-chave do desenrolar processual, os quais têm o poder de modificar a probabilidade de materialização da obrigação e da ocorrência do desembolso financeiro. Exemplificando, sem criar um rol taxativo, podemos citar as avaliações de perdas de prazos processuais, as conclusões periciais, as decisões judiciais, o trânsito em julgado, a liquidação do pedido e sua eventual homologação judicial.

A não realização das reavaliações de riscos impede a área jurídica de ter o real conhecimento do estado de risco de seus processos, o que, por consequência, impede a adoção de controles internos e futuros planos de ações, além de impedir uma análise eficiente de causa e consequências dos riscos gerados, comprometendo, inclusive, a fidedignidade da divulgação das informações contábeis e o provisionamento do orçamento da empresa.

Conhecer e divulgar corretamente os riscos processuais da empresa internamente é uma obrigação da área jurídica de contencioso que reflete a preocupação e o atendimento das melhores práticas e regras de governança empresarial, contribuindo para a fidedignidade dos valores orçamentários a serem executados e que serão divulgados. Essa atitude garante a segurança, a solidez e a confiança na gestão da empresa por parte dos *stakeholders* e dos demais agentes externos.

PARTE IV
TECNOLOGIA EM *LEGAL OPS*

Acesse o material suplementar

https://uqr.to/1z021

Capítulo 11
SOLUÇÕES TECNOLÓGICAS NA PRÁTICA

1. AVALIAÇÃO E SELEÇÃO DE FERRAMENTAS

Com a implementação de soluções tecnológicas, as equipes de *Legal Ops* podem enfrentar desafios complexos de maneira mais eficaz, reduzindo custos e aprimorando a prestação de serviços jurídicos.

É importante entender a tecnologia como ferramenta, não como recurso primário de uma área de *Legal Ops*. Deve-se, portanto, compreender as necessidades da área, capacitar os recursos humanos e desenvolver processos adequados para só então utilizar as soluções tecnológicas como ferramenta de alavancagem da capacidade das pessoas e dos processos.

Partindo dessa premissa, pode-se, então, fazer uma análise das principais ferramentas e soluções tecnológicas capazes de impactar positivamente a área de *Legal Ops*.

Antes de, propriamente, exemplificar algumas atividades nas quais determinadas soluções tecnológicas vêm causando grande impacto na área jurídica, é importante mencionar a importância da Associação Brasileira de *Lawtechs* e *Legaltechs* (AB2L) na disseminação e adoção da tecnologia na prestação dos serviços jurídicos.

A AB2L foi pioneira no Brasil em tratar as implicações da tecnologia na prestação dos serviços jurídicos. Em seu sítio eletrônico, essa entidade esclarece que:

> ... possui o Propósito Transformador Massivo (PTM) de conectar o universo jurídico à nova realidade 4.0: exponencial e colaborativa. Fazemos isso desde 2017, através de duas frentes de atuação: organizar, fomentar e educar o mercado e promover um ambiente regulatório favorável à inovação[1].

Uma ferramenta eletrônica interessante disponibilizada pela AB2L em seu sítio eletrônico é o "Radar de *Lawtechs* e *Legaltechs*". Esse radar funciona como um mapa para os prestadores de serviços visando ao fornecimento de tecnologias digitais voltadas para a área jurídica e associadas à AB2L. Vale a pena conhecer essa ferramenta.

---

[1] AB2L. Disponível em: https://ab2l.org.br/. Acesso em: 23 jan. 2025.

Sem prejuízo da indicação de conhecimento do "Radar de *Lawtechs* e *Legaltechs*", passaremos a descrever e a avaliar uma seleção de ferramentas que se mostraram essenciais no cenário contemporâneo e que podem alavancar as operações e atividades diretamente ligadas ao *Legal Ops*. São elas:

1. **Gestão de documentos e contratos:** uma das principais funções do *Legal Ops* é a gestão de documentos e contratos. Ferramentas como o ContractSafe e o DocuSign permitem que as equipes jurídicas armazenem, acessem e assinem documentos digitalmente com segurança. O ContractSafe oferece recursos de busca avançada e controle de versões, enquanto o DocuSign facilita a execução de contratos com assinaturas eletrônicas, garantindo conformidade legal e reduzindo o tempo de processamento.

2. **Automação de fluxos de trabalho:** a automação de fluxos de trabalho é essencial para aumentar a eficiência e reduzir a carga de tarefas repetitiva. Ferramentas como o Autto e o Zapier permitem que as tarefas rotineiras sejam automatizadas, desde a criação de documentos até a integração de diferentes plataformas. O Autto é especialmente útil para automatizar processos legais, enquanto o Zapier pode conectar aplicativos como *e-mails,* planilhas e *softwares* de gestão de tarefas para um fluxo de trabalho mais integrado.

3. **Gestão do conhecimento:** ferramentas de gestão do conhecimento, como o Evernote e o OneNote, são vitais para organizar informações e garantir que o conhecimento crítico seja facilmente acessível. Essas plataformas permitem que os profissionais de *Legal Ops* armazenem notas, diretrizes e procedimentos de forma estruturada, facilitando o compartilhamento e a colaboração dentro do departamento jurídico.

4. *Analytics* **e relatórios:** a capacidade de analisar dados e de gerar relatórios é crucial para tomar decisões baseadas em informações concretas. Ferramentas como o Tableau e o Microsoft Power BI proporcionam poderosos recursos de visualização de dados, permitindo que os departamentos jurídicos compreendam melhor as tendências, os custos e os resultados dos casos jurídicos.

5. **Gestão de projetos:** o gerenciamento eficaz de projetos no ambiente de *Legal Ops* pode ser aprimorado com ferramentas como o Asana e o Trello. Essas plataformas ajudam na organização de projetos, na atribuição de tarefas e no monitoramento de prazos, garantindo que todos os membros da equipe estejam sincronizados e que os projetos sejam concluídos dentro do cronograma estabelecido.

6. **Comunicação e colaboração:** plataformas como Slack e Microsoft Teams facilitam a comunicação e a colaboração em tempo real. Essas

ferramentas são essenciais para manter as equipes conectadas, especialmente em ambientes de trabalho remoto ou híbrido, permitindo discussões instantâneas, chamadas de vídeo e compartilhamento de arquivos.

7. **Governança:** o Thomson Reuters Compliance Learning e o NAVEX Global são exemplos de soluções que ajudam as empresas a permanecer em conformidade com regulamentos e leis. Essas ferramentas oferecem programas de treinamento e plataformas para gerenciamento de riscos e *compliance*, fundamentais para evitar violações legais e promover uma cultura de conformidade.

8. **Descoberta eletrônica:** para departamentos jurídicos envolvidos em litígios, a descoberta eletrônica é uma área que requer atenção especial. Ferramentas como o Relativity e o Logikcull simplificam o processo de descoberta, permitindo a gestão eficiente de grandes volumes de dados e facilitando a busca e o arquivamento de informações relevantes para os casos.

9. **Assistência jurídica virtual:** assistentes virtuais como o ROSS Intelligence usam a inteligência artificial para ajudar na pesquisa jurídica. Essas ferramentas podem processar grandes volumes de informações legais para fornecer respostas e *insights*, economizando tempo valioso dos profissionais.

10. **Gerenciamento de litígios:** ferramentas como o CaseText ou o Lex Machina proporcionam análises preditivas sobre os resultados de litígios, permitindo que os advogados desenvolvam estratégias mais informadas baseadas em tendências de julgamento e históricos de casos anteriores.

11. *Feedback* **e avaliação de serviços:** sistemas como o SurveyMonkey e o Google Forms permitem que as áreas de *Legal Ops* colham *feedback* de clientes internos e externos sobre a qualidade dos serviços prestados. Essas ferramentas são essenciais para aprimorar continuamente a prestação de serviços jurídicos, identificando áreas de melhoria e ajustando práticas conforme necessário.

12. **Integração de sistemas:** a capacidade de integrar diferentes sistemas e ferramentas tecnológicas é fundamental para a eficiência operacional. Plataformas como o MuleSoft e o Dell Boomi permitem que os departamentos jurídicos conectem suas diversas ferramentas de *software*, desde a gestão de documentos até *analytics* e comunicação, criando um ecossistema tecnológico coeso e altamente funcional.

13. **Treinamento e desenvolvimento:** ferramentas de aprendizado virtual como o LinkedIn Learning e o Coursera oferecem cursos e treinamentos específicos para a área legal. Esses recursos são cruciais para o desenvolvimento contínuo das habilidades das equipes de *Legal Ops*,

garantindo que estas se mantenham atualizadas com as últimas práticas, tendências e regulamentações do setor.

14. **Análise de tendências de mercado:** o LexisNexis e o Westlaw são ferramentas indispensáveis para a pesquisa jurídica avançada e a análise de tendências de mercado. Eles fornecem acesso a vastos bancos de dados de legislação, jurisprudência e publicações que ajudam os profissionais jurídicos a se manterem informados sobre as mudanças no ambiente legal.

15. **Gestão de relacionamento com clientes:** ferramentas de CRM (*Customer Relationship Management*) como o Salesforce e o HubSpot, adaptadas para o setor jurídico, permitem gerenciar interações com clientes e otimizar o desenvolvimento de negócios. Elas ajudam a monitorar *leads*, a gerenciar contatos e a facilitar a comunicação, proporcionando uma visão 360 graus das necessidades e expectativas dos clientes.

16. **Otimização de processos:** *softwares* como o LeanLaw e o TimeSolv foram projetados para ajudar na otimização dos processos de faturamento e gestão de tempo. Eles permitem que os departamentos jurídicos maximizem a eficiência e minimizem o desperdício de recursos, assegurando uma gestão financeira sólida.

17. **Segurança e privacidade de dados:** diante do aumento das preocupações com a segurança de dados, ferramentas como o OneTrust oferecem soluções de privacidade e conformidade com regulamentos globais como GDPR e CCPA[2] e a própria Lei Geral de Proteção de Dados Pessoais. Isso é essencial para garantir que o departamento jurídico mantenha a integridade e a confidencialidade das informações dos clientes.

A incorporação de soluções tecnológicas na prática de *Legal Ops* não é apenas uma questão de eficiência, mas também uma estratégia crítica para manter a competitividade e a relevância em um mercado em rápida evolução.

À medida que a tecnologia continua a evoluir, a área de *Legal Ops* deve se adaptar e incorporar essas ferramentas para melhorar a prestação de serviços, a gestão de riscos e a tomada de decisão. O futuro da área certamente será marcado por uma interação ainda maior entre tecnologia e prática jurídica, na qual a inovação continuará a desempenhar um papel central na redefinição dos padrões e na otimização do trabalho jurídico.

---

[2] GDPR (*General Data Protection Regulation*) e CCPA (*California Consumer Privacy Act*) são regulamentos de proteção de dados. O GDPR é uma lei da União Europeia que entrou em vigor em maio de 2018. O CCPA é uma lei da Califórnia que entrou em vigor em 2018.

Capítulo 11 • Soluções Tecnológicas na Prática 147

2. DESAFIOS DA IMPLEMENTAÇÃO E GESTÃO DA MUDANÇA

A implementação de soluções tecnológicas na área de *Legal Ops* representa um avanço significativo na eficiência e na gestão estratégica dos departamentos jurídicos. No entanto, esse processo não é isento de desafios, especialmente quando consideramos a necessidade de gestão da mudança para garantir uma transição bem-sucedida.

Por isso é muito importante ter um conhecimento prévio dos possíveis desafios enfrentados durante a implementação de soluções tecnológicas em *Legal Ops* e a definição de estratégias eficazes de gestão da mudança, para superá-los.

Um dos maiores desafios na implementação de novas tecnologias em *Legal Ops* – e em qualquer área do trabalho e da vida – é a resistência à mudança. Especificamente na área jurídica, os profissionais do direito, em razão da própria formação acadêmica e da mentalidade ensinada, mostram maior aversão ao risco e às mudanças. Muitas vezes, advogados e outros profissionais jurídicos estão acostumados a métodos tradicionais de trabalho e podem ver a adoção de novas tecnologias como uma ameaça a sua prática ou até mesmo a sua segurança no emprego.

Essa aversão à mudança acaba por gerar uma falta de familiaridade com novas tecnologias. Muitos profissionais jurídicos não têm formação tecnológica e são resistentes em aprender sobre o uso de novas tecnologias, o que pode gerar dificuldades no uso eficaz das ferramentas. Isso exige treinamentos específicos e suporte contínuo durante a fase de implementação. Prover treinamento adequado é crucial para uma implementação bem-sucedida. Os usuários precisam sentir-se confiantes no uso das novas ferramentas para que elas sejam efetivamente integradas a suas rotinas de trabalho.

O custo inicial para a adoção de novas tecnologias pode ser proibitivo para alguns departamentos jurídicos, especialmente em pequenas empresas ou *startups*. Além do custo do *software*, muitas vezes são necessários investimentos em *hardware* e em treinamento de equipe.

Em razão do elevado custo e do risco de implementação, a escolha de tecnologia certa, que se alinhe às necessidades específicas do departamento jurídico, é crucial. Uma seleção equivocada pode levar à compra de sistemas demasiado complexos ou insuficientes para as necessidades da equipe, resultando em desperdício de recursos e em baixa adoção.

Uma forma de minimizar esses custos e os riscos envolvidos na implantação de uma solução tecnológica nova é a avaliação da possibilidade de integrar novas soluções tecnológicas a sistemas já existentes. A questão está em avaliar eventuais problemas de compatibilidade que possam surgir, exigindo ajustes personalizados que podem ser tanto custosos quanto demorados.

Outro ponto importante é demonstrar o retorno sobre o investimento (*Return of Investment* – ROI) das soluções de tecnologia em *Legal Ops*, como meio de justificar o custo e o esforço de implementação. Isso exige a definição clara de métricas de desempenho antes da adoção das tecnologias.

Com a introdução de novas tecnologias, surgem preocupações com a segurança da informação, uma vez que o ambiente jurídico está constantemente sujeito a mudanças regulatórias. É essencial garantir que todos os sistemas sejam seguros e estejam em conformidade com as regulamentações sobre proteção de dados, como GDPR ou LGPD. As soluções tecnológicas devem ser flexíveis o suficiente para adaptar-se a essas mudanças sem exigir grandes revisões ou substituições.

A cultura organizacional pode influenciar significativamente a implementação de novas tecnologias. Em ambientes onde a inovação não é uma prioridade na cultura organizacional, pode ser difícil obter apoio para investimentos em novas soluções tecnológicas.

Por essa razão, é sempre importante adequar as necessidades da área de *Legal Ops* e a implementação de novas tecnologias à cultura organizacional e aos objetivos estratégicos da organização. Gerenciar as expectativas dos *stakeholders* é essencial para o sucesso da implementação tecnológica. É importante comunicar claramente os benefícios e as limitações das novas tecnologias para evitar desilusões e resistência.

Depois da implementação, manter o sistema e fornecer suporte contínuo é fundamental para garantir a utilidade a longo prazo das tecnologias implementadas. Problemas técnicos precisam ser resolvidos rapidamente para evitar interrupções nas operações jurídicas. Esse tipo de problema costuma surgir com frequência menor em sistemas e serviços digitais que permitem o desenvolvimento de um *feedback* no qual os usuários possam reportar problemas e sugerir melhorias, o que é vital para o aprimoramento contínuo das ferramentas tecnológicas.

O ambiente jurídico está sujeito a mudanças regulatórias constantes, e as soluções tecnológicas devem ser flexíveis o suficiente para adaptar-se a essas mudanças sem exigir grandes revisões ou substituições.

Contar com líderes no departamento jurídico e na área de *Legal Ops* que defendam o uso da tecnologia é fundamental para superar a resistência e integrar com sucesso as novas soluções. Esses líderes devem ser capazes de demonstrar de que maneira as ferramentas podem beneficiar a equipe e melhorar os resultados.

Finalmente, garantir a sustentabilidade da mudança tecnológica é essencial. Isso envolve revisões regulares dos processos e das tecnologias implementadas para garantir que continuem relevantes e úteis à medida que o departamento e suas necessidades evoluem.

A implementação de tecnologias em *Legal Ops*, embora desafiadora, é indispensável para a evolução dos serviços jurídicos. Abordar proativamente esses desafios com estratégias de gestão da mudança bem planejadas pode resultar em uma transformação significativa e duradoura, alinhando o departamento jurídico com as melhores práticas e tecnologias modernas.

Capítulo 12
INTELIGÊNCIA ARTIFICIAL EM *LEGAL OPS*

1. A APLICAÇÃO DA INTELIGÊNCIA ARTIFICIAL EM *LEGAL OPS*

No mundo atual é impossível tratar de tecnologia e não pensar nas aplicações da Inteligência Artificial. No contexto de *Legal Ops* não é diferente. Mas o que é Inteligência Artificial e como ela pode ser utilizada no cotidiano de uma área de *Legal Ops*?

Inteligência Artificial (IA) é um ramo da ciência da computação dedicado a criar sistemas que simulam capacidades humanas, como raciocínio, aprendizado, percepção e interação. Desde suas origens teóricas, na década de 1950, a IA evoluiu de simples algoritmos capazes de realizar tarefas específicas para sistemas complexos que podem aprender, adaptar-se e realizar uma ampla gama de atividades intelectuais.

A evolução da IA começou com a conferência de Dartmouth em 1956, considerada seu nascimento oficial como campo de estudo. Na época, os fundadores da IA, incluindo John McCarthy e Marvin Minsky, imaginaram máquinas que poderiam simular todos os aspectos da inteligência humana. Ao longo das décadas seguintes, o desenvolvimento dessa área atravessou períodos de grande otimismo e dois "invernos da IA", durante os quais o financiamento e o interesse diminuíram devido a expectativas não cumpridas.

Com o surgimento da internet e o aumento da capacidade de computação nos anos 1990 e 2000, a IA começou a se transformar significativamente. O advento dos *Big Data* e os avanços em algoritmos propiciaram o desenvolvimento do aprendizado de máquina (*machine learning*), um subconjunto da IA que envolve a construção de algoritmos que permitem que o *software* melhore seu desempenho na realização de tarefas por meio da experiência.

O *machine learning* é focado no desenvolvimento de programas que acessam dados e os utilizam para aprender por si próprios. A principal diferença entre a IA tradicional e o *machine learning* está no fato de que, enquanto a primeira requer a programação explícita de regras específicas para realizar tarefas, o *machine learning* cria seus próprios algoritmos baseados nos dados que processa, aprendendo de maneira autônoma.

Mas até mesmo essa replicação de sistemas neurais humanos por via do *machine learning* já está ficando desfasada! Uma nova era da IA está surgindo: a Inteligência Artificial generativa, baseada em redes generativas adversárias (GANs).

A IA generativa leva o próprio conceito e aplicação da IA a um nível ainda mais avançado. Basicamente, as GANs são duas redes neurais profundas: a **rede geradora** e a **rede discriminadora**. Ambas treinam em um jogo adversário, no qual uma tenta gerar novos dados e a outra tenta prever se a saída é falsa ou real. Isso significa que elas atuam aprendendo entre si, exponenciando sua capacidade de aprendizado e predição a níveis muitos elevados, impensáveis, em termos de tempo de resposta, para o cérebro humano.

Esses sistemas não apenas aprendem com os dados, mas também são capazes de gerar novos dados indistinguíveis dos dados reais. Por exemplo, podem criar imagens, vídeos e textos que parecem autênticos aos humanos, abrindo possibilidades para a criação de conteúdo dinâmico e personalizado.

No contexto da área de *Legal Ops*, a aplicação da IA tem revolucionado a maneira como os departamentos jurídicos operam. Ferramentas baseadas em IA podem ajudar a automatizar tarefas repetitivas, como a análise de contratos e a gestão de documentos, permitindo que os profissionais se concentrem em tarefas de maior valor. Além disso, a IA pode ajudar na previsão de resultados de casos judiciais, na otimização de estratégias de litígio e na gestão de riscos, utilizando dados históricos para modelar cenários futuros.

Um exemplo específico da aplicação do *machine learning* em *Legal Ops* é o uso de sistemas de classificação de documentos, no qual algoritmos aprendem a identificar e a categorizar documentos com base em exemplos anteriores. Isso reduz significativamente o tempo necessário para a revisão legal e aumenta a precisão ao minimizar os erros humanos.

Por outro lado, a IA generativa pode ser usada para automatizar a redação de documentos legais; o sistema não apenas usa dados existentes para entender o conteúdo como gera novos documentos que seguem padrões legais e linguísticos sem a necessidade de redação manual detalhada por parte de um humano.

Outra área que vem sendo profundamente transformada pela IA e que merece especial atenção é a jurimetria, ciência que aplica métodos quantitativos para analisar dados jurídicos. A integração da IA a esse campo tem possibilitado a análise em larga escala de dados legais, o que, por sua vez, está revolucionando as estratégias e o processo de tomada de decisão nos ambientes jurídicos.

A jurimetria combina técnicas estatísticas e computacionais para interpretar grandes volumes de dados legais. Com a aplicação da IA, especialmente por meio de técnicas de *machine learning*, os juristas podem processar e analisar dados de maneira mais eficiente e precisa. A IA permite modelar complexidades e padrões que são invisíveis ou trabalhosos demais para serem detectados manualmente.

A IA facilita a coleta de dados massivos (os chamados dados não estruturados) de fontes jurídicas diversas, como decisões judiciais, movimentações processuais e publicações legais. Ferramentas de IA podem rastrear e compilar esses

Capítulo 12 • Inteligência Artificial em *Legal Ops*

dados automaticamente, economizando tempo e reduzindo erros humanos. Isso proporciona uma base de dados mais rica e robusta para a análise da jurimetria.

Um dos maiores benefícios da aplicação de IA na jurimetria é a capacidade de realizar análises preditivas. Algoritmos de *machine learning* podem identificar padrões em decisões passadas e prever tendências e resultados futuros. Isso é extremamente valioso para advogados e departamentos jurídicos na preparação de casos, permitindo-lhes antecipar possíveis obstáculos e resultados.

Com *insights* baseados em dados, os profissionais podem desenvolver estratégias jurídicas mais informadas e direcionadas. A IA ajuda a identificar qual legislação é mais aplicável, qual jurisprudência é mais relevante para um determinado caso ou mesmo qual abordagem terá maior probabilidade de sucesso. Isso otimiza recursos e aumenta as chances de sucesso em litígios.

Ainda no campo da jurimetria, a IA promove a tomada de decisão baseada em evidências ao fornecer análises detalhadas e quantitativas dos dados. Isso ajuda a eliminar o viés humano e aumenta a objetividade nas decisões legais, que podem ser fundamentadas em estatísticas concretas e não apenas em intuições.

Ao analisar os resultados e tendências de casos semelhantes e anteriores, a IA permite uma avaliação de risco mais precisa. Os profissionais do direito podem utilizar esses dados para mitigar riscos em estratégias legais e decisões corporativas, adaptando-as de acordo com o ambiente legal dinâmico.

A jurimetria apoiada por IA também pode melhorar o atendimento ao cliente, oferecendo soluções personalizadas baseadas na análise profunda de casos anteriores e de resultados prováveis. Isso não só aumenta a satisfação do cliente como reforça a reputação e a competitividade do escritório ou departamento jurídico.

A implementação de IA na jurimetria reduz significativamente o tempo e o custo associados à análise de grandes volumes de dados, o que libera recursos que podem ser mais bem investidos em outras áreas, como o desenvolvimento de talentos ou a inovação em serviços jurídicos.

A IA também vem transformando a educação e o treinamento no campo do direito, proporcionando simulações baseadas em dados reais que preparam melhor os estudantes e profissionais para o mercado de trabalho, enriquecendo seu entendimento e habilidades práticas.

Apesar de seus muitos benefícios, a aplicação de IA na jurimetria enfrenta desafios, especialmente em relação à privacidade dos dados e às considerações éticas sobre o uso de algoritmos em processos legais. É crucial que o desenvolvimento e o uso de IA em *Legal Ops* sigam rigorosos padrões éticos a fim de evitar abusos e garantir a justiça nos processos legais.

A integração da IA à jurimetria está revolucionando a prática jurídica, oferecendo ferramentas poderosas para análise de dados e suporte à tomada de decisão. Como qualquer tecnologia disruptiva, ela apresenta tanto oportunidades quanto desafios. O sucesso de sua implementação dependerá da capacidade dos profissionais jurídicos de adaptar-se a essas ferramentas, maximizando seus benefícios enquanto gerenciam suas implicações éticas e práticas. Em última análise, a IA tem o potencial de transformar profundamente a maneira como o direito é praticado, tornando-o mais preciso, eficiente e acessível.

A IA, em suas várias formas, desde *machine learning* até modelos generativos, tem transformado o *Legal Ops*. Ao oferecer ferramentas que automatizam, preveem e inovam, a IA se tornou um componente essencial das estratégias dessa área, permitindo que os departamentos jurídicos enfrentem os desafios da modernidade com maior eficiência e precisão. À medida que a tecnologia avança, espera-se que sua integração em *Legal Ops* continue a crescer, moldando o futuro da prática jurídica.

2. O FUTURO DA IA EM *LEGAL OPS*

À medida que a IA continua a evoluir, seu impacto na área de *Legal Ops* será cada vez mais profundo e transformador. A incorporação de tecnologias de IA ao setor jurídico não é apenas uma tendência passageira, mas uma evolução que está redefinindo as práticas tradicionais, prometendo uma nova era de eficiência, precisão e inovação. Compreender e antecipar as perspectivas futuras da IA em *Legal Ops*, destacando os modos como essa tecnologia poderá remodelar a prática jurídica nos próximos anos, é, certamente, uma vantagem competitiva.

O futuro da IA em *Legal Ops* verá uma expansão significativa na automatização de tarefas. A IA já é utilizada para automatizar processos repetitivos, como a revisão e a análise de documentos. No futuro, esperamos que algoritmos mais avançados sejam capazes de realizar tarefas complexas, como a redação de peças processuais e a negociação de contratos, com pouca ou nenhuma intervenção humana. Essa evolução reduzirá drasticamente o tempo dedicado a tarefas administrativas, permitindo que os profissionais de *Legal Ops* se concentrem em atividades de maior valor estratégico.

Ainda sobre a automatização de tarefas por meio da utilização de IA, Richard Susskind reflete sobre as maneiras como as tecnologias, incluindo a IA, vêm transformando a profissão jurídica. O autor prevê que "a IA irá tanto substituir quanto possibilitar novas formas de trabalho jurídico, permitindo que advogados forneçam serviços mais acessíveis e eficientes"[1].

A IA ampliará suas capacidades em termos de análise preditiva, fornecendo *insights* mais profundos e precisos baseados em grandes volumes de dados. Isso permitirá uma tomada de decisão mais informada e estratégica, orientada por dados empíricos em vez de intuições ou experiências passadas. Com modelos

---

[1] SUSSKIND, R. *Advogados do amanhã*. Florianópolis: Emais, 2023.

preditivos mais sofisticados, os departamentos jurídicos poderão antecipar resultados de litígios, avaliar riscos com maior precisão e personalizar estratégias para atender às necessidades específicas dos clientes.

Na mesma linha, Kevin D. Ashley, em seu livro *Artificial Intelligence and Legal Analytics:* new tools for law practice in the digital age [em tradução livre, Inteligência Artificial e análise legal: novas ferramentas para a prática jurídica na era digital], fornece uma análise detalhada da maneiras como as técnicas de IA estão sendo usadas para analisar textos jurídicos e dados. O autor explica que "a análise jurídica apoiada por IA pode revelar padrões e tendências que não são imediatamente aparentes, ajudando advogados a elaborar estratégias mais informadas"[2]. Esse livro é uma excelente fonte de consulta para profissionais interessados nas especificidades técnicas da IA aplicada à análise jurídica.

A IA não operará em isolamento, mas será cada vez mais integrada com outras tecnologias disruptivas, como *blockchain* e Internet das Coisas (*Internet of Things* – IoT). Por exemplo, a combinação de IA e *blockchain* poderá criar sistemas de registro de contratos extremamente seguros e automatizados, enquanto a integração com a IoT poderá facilitar a coleta e a análise de evidências em tempo real para casos que envolvam dispositivos conectados.

Espera-se que as capacidades cognitivas das soluções de IA avancem significativamente, possibilitando que as máquinas compreendam e processem a linguagem natural com uma precisão quase humana. Isso poderá transformar as interações cliente-advogado, tornando as máquinas capazes de fornecer consultas legais preliminares e suporte contínuo ao aumentar a acessibilidade e reduzir os custos legais para os clientes.

Porém, o avanço da IA suscitará questões éticas e regulatórias complexas, especialmente relacionadas à privacidade dos dados e à autonomia das decisões legais. O futuro provavelmente trará diretrizes regulatórias mais rigorosas para o uso de IA, principalmente na área de *Legal Ops*, garantindo que a tecnologia seja usada de forma responsável e ética, sem comprometer a integridade do sistema jurídico.

A evolução da IA exigirá uma reformulação dos programas de treinamento e educação para profissionais de *Legal Ops*. A capacitação em competências digitais e tecnológicas será essencial, assim como a compreensão das implicações éticas do uso da IA no direito. Instituições educacionais e organizações profissionais adaptarão seus currículos para preparar melhor os profissionais jurídicos para trabalhar lado a lado com tecnologias avançadas.

A IA possibilitará um nível de personalização sem precedentes nos serviços jurídicos, utilizando a análise de dados para adaptar abordagens e recomendações

---

[2] ASHLEY, K. D. *Artificial intelligence and legal analytics*: new tools for law practice in the digital age. Cambridge: Cambridge University Press, 2017.

às necessidades específicas de cada cliente. Isso não só melhorará a satisfação do cliente como aumentará a competitividade dos provedores de serviços jurídicos que utilizam essas tecnologias.

O futuro da aplicação da IA na área de *Legal Ops* é promissor e provavelmente revolucionário. À medida que a tecnologia continua a se desenvolver, o campo do direito experimentará mudanças significativas na maneira como os serviços são prestados, como as decisões são tomadas e como os profissionais são treinados. Para as organizações jurídicas que adotarem proativamente essas inovações, as possibilidades são vastas e transformadoras, sinalizando uma nova era de eficiência, precisão e inovação no direito.

Conclusão

1. RECAPITULAÇÃO DAS PRINCIPAIS LIÇÕES

Nesta parte final do livro vamos recapitular todos os pontos, os argumentos e as ideias desenvolvidas.

Começamos pela informação de que a área de *Legal Ops* surgiu para otimizar a eficiência, reduzir custos e melhorar serviços jurídicos dentro das organizações, representando uma evolução significativa na área do direito nas últimas décadas.

Distinto da controladoria jurídica, que se concentra no controle orçamentário e na fiscalização de processos, o *Legal Ops* abrange uma gama mais ampla de responsabilidades, incluindo aspectos operacionais, estratégicos e tecnológicos. Esse desenvolvimento reflete uma mudança maior na prestação de serviços jurídicos, movendo-se da abordagem individualizada para uma mais colaborativa e orientada por dados.

Pontuou-se que a área de *Legal Ops* ganhou destaque especialmente depois que a pesquisa de 2021 do *Legal Department Operations Index* mostrou que 80% dos departamentos jurídicos já contam com equipes dedicadas exclusivamente a operações legais, um aumento significativo em relação a 2017. Essa importância é agora reconhecida e estruturada científica e teoricamente, delineando seu âmbito com clareza e estabelecendo padrões para educação e formação profissional.

Após uma introdução conceitual sobre a atividade de *Legal Ops* e sua contextualização histórica, aprendemos sobre o CLOC e sua Mandala, ou "Core 12", que engloba 12 competências essenciais para otimizar as atividades de *Legal Ops* nas organizações.

Essas competências incluem o pensamento e a gestão estratégica, modelos de entrega de serviços jurídicos, gestão de projetos com metodologias ágeis, operações práticas jurídicas, otimização organizacional, gestão do conhecimento, governança da informação, gestão de fornecedores e escritórios de advocacia, gestão financeira, inteligência de negócios jurídicos, treinamento e desenvolvimento, e tecnologia.

Trata-se de competências interdependentes e projetadas para aumentar a eficiência, melhorar a qualidade do serviço e alinhar as atividades jurídicas com os objetivos gerais da empresa. Ao agrupar essas competências em seis grandes áreas de atuação – gestão estratégica, gestão financeira, tecnologia e inovação, gestão de talentos, gestão de fornecedores, gestão de riscos e conformidade –, a área de *Legal Ops* pode incorporar práticas de gestão empresarial ao contexto jurídico, visando maximizar eficiência, reduzir custos e aprimorar serviços jurídicos.

No capítulo 1 exploramos a estruturação e a importância prática das atividades de *Legal Ops*, destacando a necessidade de definir valores e princípios específicos que fundamentem essa área dentro do contexto corporativo.

A ascensão da área de *Legal Ops* como campo vital está intrinsecamente ligada aos objetivos estratégicos não apenas da área jurídica, mas de toda a corporação, exigindo uma delimitação científica clara para sua validação e operacionalização efetiva.

A inspiração no Movimento Ágil e na adaptação de suas metodologias para estabelecer uma base teórica sólida para a área de *Legal Ops* sugere um paralelo entre os valores e princípios do desenvolvimento ágil de *software* e as necessidades da área de *Legal Ops*, promovendo uma abordagem adaptativa e colaborativa que pode ser crucial para o sucesso dessa área.

Além disso, fizemos uma analogia detalhada entre os valores e princípios do Manifesto Ágil e a maneira como eles podem ser aplicados no contexto do *Legal Ops* para criar uma estrutura dinâmica, adaptável e orientada ao cliente.

Quatro valores principais foram propostos para *Legal Ops* – **adaptabilidade, colaboração, foco no cliente e melhoria contínua –**, provando-se essenciais para alinhar as operações jurídicas com as metas empresariais mais amplas. Esse alinhamento e a implementação de metodologias ágeis podem transformar a eficácia operacional, promovendo uma gestão mais eficiente de processos, projetos e tecnologia dentro dos departamentos jurídicos e, por extensão, em toda a organização, ampliando a cooperação e a tomada de decisão informada.

No capítulo 2 o foco recaiu sobre a centralidade das pessoas no desenvolvimento e eficácia da área de *Legal Ops* dentro das corporações modernas, destacando-se a relevância do capital humano como principal diferencial entre departamentos que simplesmente executam tarefas e aqueles que promovem inovação e crescimento estratégico.

Essa abordagem transcende a simples utilização de ferramentas e tecnologias, focalizando a capacitação e o engajamento dos indivíduos que, por via de sua motivação e habilidades, concretizam os objetivos operacionais e estratégicos da organização. Esse modelo ressalta que, embora os processos e as tecnologias sejam essenciais, eles servem principalmente como suportes para o elemento humano, cuja motivação e capacidade de adaptação são fundamentais para o sucesso organizacional.

Adicionalmente, incorporamos conceitos de liderança inspirados nas ideias de Simon Sinek, particularmente o Círculo Dourado, para moldar uma cultura organizacional que começa com o "porquê" para promover um

Conclusão

ambiente de trabalho mais motivador e alinhado com os valores da organização. Esse enfoque não só fortalece o engajamento e a satisfação dos colaboradores como impulsiona a inovação, ao conectar profundamente os membros da equipe à missão maior da organização.

A liderança em *Legal Ops* é descrita como um compromisso contínuo com o desenvolvimento pessoal e profissional, reforçando a ética, a colaboração e a eficácia operacional como pilares de uma cultura que valoriza e capacita os indivíduos, fundamental para transformar os departamentos jurídicos em centros de excelência e inovação dentro das empresas.

O Capítulo 3 demonstrou que a organização e a compreensão das etapas de um processo em *Legal Ops* são fundamentais, funcionando como engrenagens que mantêm o departamento jurídico alinhado com os objetivos estratégicos da organização.

O mapeamento e a otimização de processos são essenciais, não apenas para documentar atividades, mas para entender como elas interagem e contribuem para um fluxo de trabalho eficiente. A identificação de redundâncias e ineficiências é crucial e pode ser auxiliada pela adoção de práticas de Gestão de Processos de Negócios (BPM). Esse método não só destaca as áreas que precisam de melhoria como ajuda a documentar e aprimorar a comunicação e a colaboração entre equipes, além de estabelecer uma base clara para futuras inovações dentro do departamento.

Vimos também que a BPM em *Legal Ops*, é especialmente valiosa nas fases "AS-IS" e "TO-BE", que permitem às equipes analisar o estado atual dos processos e planejar melhorias futuras. Entendendo os processos atuais, as organizações podem identificar pontos de falha e áreas que exigem mudanças, facilitando uma transição suave para processos otimizados que suportem tanto a eficiência operacional quanto a satisfação do cliente. Essa abordagem não apenas melhora a eficácia dos serviços jurídicos como promove um ambiente de trabalho dinâmico, no qual a inovação tecnológica é incentivada, melhorando a adaptação aos processos jurídicos complexos e regulamentados típicos de *Legal Ops*.

No capítulo 4, destacaram-se a tecnologia e os modos como a evolução tecnológica em *Legal Ops* tem transformado profundamente a área jurídica, movendo-se de sistemas básicos de gerenciamento de documentos para soluções avançadas que incorporam Inteligência Artificial, *Big Data* e *blockchain*. Esse desenvolvimento foi impulsionado inicialmente pela digitalização de arquivos e pela automação de tarefas administrativas, evoluindo para a gestão de processos legais e o apoio à tomada de decisão.

Com a chegada da Quarta Revolução Industrial, observou-se uma integração ainda mais profunda das tecnologias digitais, físicas e biológicas, resultando na Advocacia 4.0. Essa fase é caracterizada pelo uso de análises preditivas e por maior segurança e transparência na gestão de informações, representando uma transformação que coloca a tecnologia no cerne das operações legais, promovendo eficiência e transparência.

O impacto da tecnologia em *Legal Ops* não é apenas técnico, mas também cultural, exigindo adaptação das habilidades e abordagens. A necessidade de *soft skills*, como liderança e gestão de mudanças, tornou-se tão crucial quanto o domínio técnico legal.

A implementação e a gestão dessas tecnologias requerem colaboração multidisciplinar e uma liderança que valorize tanto a inovação quanto a aprendizagem contínua. Além disso, é crucial equilibrar a inovação com a proteção de dados e garantir que as novas tecnologias complementem as habilidades humanas, alinhando-se com os objetivos estratégicos da organização.

O *Legal Ops*, portanto, desempenha um papel central na transformação digital dos departamentos jurídicos, navegando por um ambiente que valoriza a eficiência e a adaptabilidade em face das rápidas mudanças tecnológicas e regulatórias.

O capítulo 5 marca uma nova fase do livro, na qual iniciamos o aprofundamento nos conceitos de pessoas, processos e tecnologias aplicados à área de *Legal Ops* – iniciando pelo papel das pessoas.

Nesse capítulo, ao tratar de treinamento, desenvolvimento e gestão de talentos, demonstramos que o gerenciamento de talentos em *Legal Ops* engloba desde o recrutamento até a retenção de colaboradores, focando em criar uma cultura de capacitação contínua e engajamento que eleva a produtividade e a motivação.

O recrutamento, fundamental para moldar uma equipe forte, transcende a avaliação de habilidades técnicas para enfatizar a adequação cultural, alinhando os valores dos candidatos com os da organização, conforme destacado por Simon Sinek. Essa dinâmica garante que novos contratados complementem a cultura organizacional, incentivando um ambiente colaborativo e a retenção de longo prazo.

Uma vez recrutados, os funcionários passam por um processo de treinamento contínuo, fundamental para integrá-los à cultura e aos valores da área de *Legal Ops*. Esse processo de capacitação não apenas refina habilidades técnicas e de liderança, mas também reforça a importância da contribuição de cada um para os objetivos corporativos.

Mantendo os funcionários alinhados com os valores organizacionais e engajados em seu trabalho, as empresas podem minimizar a rotatividade e maximizar a satisfação no trabalho, fundamentais para o sucesso sustentável, no competitivo campo de *Legal Ops*.

Seguindo com o foco em pessoas, o capítulo 6 abordou a importância da criação, manutenção e patrocínio de uma cultura organizacional forte e com valores éticos, de inovação e colaboração, no contexto do *Legal Ops*. A importância de uma cultura organizacional focada nesses valores foi destacada como essencial para o sucesso e a adaptação em um ambiente corporativo dinâmico.

Conclusão 159

Esses valores são considerados pilares fundamentais para o desenvolvimento sustentável da organização, promovendo não apenas eficiência e eficácia nas operações jurídicas, mas também alinhando os objetivos da equipe com os da organização de maneira mais ampla.

A cultura organizacional, conforme explorado pelo teórico Edgar Schein, envolve diferentes camadas, desde artefatos visíveis até pressupostos básicos subconscientes que moldam a percepção e o comportamento dos membros da organização, oferecendo terreno fértil para práticas éticas integradas nas operações diárias.

Também demonstramos que a implementação de uma cultura ética em *Legal Ops* requer dos líderes ações concretas e contínuas, incluindo a comunicação clara dos valores éticos, o alinhamento dos artefatos organizacionais como políticas e procedimentos e o fomento de um ambiente que promova e recompense comportamentos alinhados com esses valores. Isso é vital para prevenir o declínio ético, um fenômeno gradual que pode comprometer a integridade da organização ao longo do tempo.

Portanto, é crucial que as lideranças demonstrem por meio de suas ações um compromisso inabalável com a ética, configurando exemplos por meio de comportamentos que reforcem a transparência, a responsabilidade e a comunicação aberta, elementos que sustentam uma colaboração efetiva e promovem a inovação contínua dentro da organização.

Seguindo na lógica de aprofundamento dos conceitos de pessoas, processos e tecnologias, no capítulo 8 adentramos o papel dos processos na área de *Legal Ops*, começando por enfatizar a criação de estratégias e de planejamento jurídico.

O objetivo foi esclarecer de que maneira o alinhamento estratégico e o planejamento de negócios são vitais para otimizar a eficiência e a eficácia da área de *Legal Ops* dentro de uma organização. Esses processos abrangem a coordenação de diversas atividades, que incluem desde o fortalecimento da cultura organizacional até a integração de novas tecnologias, visando sempre à melhoria dos serviços jurídicos.

Partindo da premissa que a área de *Legal Ops* é reconhecida pela a capacidade de sincronizar as atividades jurídicas com os objetivos estratégicos gerais da empresa, o que envolve uma compreensão aprofundada do *core business*, de modo a moldar os serviços jurídicos para apoiar esses objetivos, foi possível definir de forma clara de que forma a visão organizacional se aplica à área de *Legal Ops*, enfatizando a importância das pessoas como principais recursos e refletores da cultura da empresa, fundamentada no conceito de Propósito Transformador Massivo (PTM).

Crucial para entender as organizações exponenciais, o conceito de PTM é explorado no livro *Organizações exponenciais*, no qual as organizações que adotam esse modelo são descritas como capazes de escalar seu desempenho de maneira muito mais rápida e eficiente do que empresas tradicionais.

Esse propósito não serve apenas como um guia para a inovação e o desenvolvimento de produtos, mas também como um elemento unificador e motivador para a equipe, alinhando esforços em torno de uma causa comum que visa mudar algum aspecto do mundo para melhor. O PTM, além de direcionar o crescimento, é essencial na formação da cultura organizacional, que por sua vez é decisiva na estruturação de estratégias que antecipem e liderem mudanças no mercado.

A integração desse propósito às práticas da área de *Legal Ops* permite um alinhamento mais estreito com a visão e os objetivos da empresa, antecipando necessidades legais e regulatórias e promovendo uma cultura de inovação e colaboração, essencial para o sucesso contínuo em um ambiente de negócios volátil.

No capítulo 9 o foco esteve em desenvolver o tema envolvendo os modelos de entrega de serviço e a aplicação de conceitos, ferramentas, *frameworks* e mentalidades da área de gestão de projetos na área de *Legal Ops*.

Abordando os modelos de entrega de serviços jurídicos, destacamos que na área de *Legal Ops* a eficiência e a eficácia da entrega de serviços jurídicos são essenciais, sendo amplamente influenciadas pelos modelos de entrega adotados. Esses modelos, que incluem tecnologias inovadoras e estratégias otimizadas, permitem uma gestão mais eficaz das demandas jurídicas e uma resposta mais ágil às mudanças de mercado.

A implementação efetiva desses modelos ajuda a reduzir custos e a melhorar a qualidade dos serviços oferecidos, adaptando-se às necessidades específicas de cada cliente. Richard Susskind destaca a importância de revisar os modelos tradicionais de entrega jurídica em favor de abordagens mais modernas e tecnológicas, sugerindo a desconstrução dos serviços em tarefas específicas que podem ser otimizadas por meio da automação e de outras ferramentas tecnológicas.

A integração de tecnologias como Inteligência Artificial e a automação nos modelos de entrega de serviços jurídicos promove uma prestação mais eficiente e acessível dos serviços. Susskind propõe, além disso, a adoção de modelos alternativos, como firmas virtuais e parcerias entre firmas de advocacia e empresas de tecnologia, que se ajustam à demanda por serviços mais econômicos e eficientes.

Um destaque especial foi dado aos Centros de Serviços Compartilhados (CSCs), que centralizam tarefas repetitivas e permitem uma gestão mais uniforme e econômica dos processos jurídicos. Esses centros são fundamentais para a padronização, automação e redução de custos, apesar de exigirem um investimento inicial e uma gestão cuidadosa para alinhar suas operações com as metas estratégicas da organização e preservar a cultura corporativa.

No tocante à gestão de projetos, o foco recaiu sobre a aplicação e a adaptação dos princípios específicos dessa área para *Legal Ops*, como forma de otimizar a eficiência e a eficácia das operações jurídicas dentro das organizações. Tratar de

Conclusão

gestão de projetos significa incluir o planejamento, a execução e o controle de recursos para alcançar objetivos específicos dentro de prazos estabelecidos.

A definição clara de objetivos e a alocação eficiente de recursos constituem princípios fundamentais que ajudam a garantir que todos os esforços jurídicos estejam alinhados com as metas estratégicas da empresa. Ademais, a gestão de riscos e a comunicação efetiva são cruciais para mitigar potenciais problemas e manter todas as partes interessadas informadas sobre os desenvolvimentos legais, decisões e estratégias.

No cotidiano da área de *Legal Ops*, ferramentas como *softwares* de gerenciamento de projetos (Asana, Trello, Microsoft Project) e sistemas de automação são implementados para rastrear o progresso, os prazos e distribuir tarefas de maneira eficiente. Essas ferramentas permitem a visualização clara do estado dos projetos e facilitam a coordenação de equipes multidisciplinares.

A implementação de sistemas de gestão do conhecimento também se destaca por organizar a documentação jurídica e facilitar o acesso a informações importantes, o que é essencial para a gestão eficaz e a tomada de decisão informada. Essas práticas e ferramentas derivadas da gestão de projetos podem transformar significativamente a eficiência das operações jurídicas, elevando a contribuição do departamento jurídico para os objetivos globais da organização.

Como último tópico do tema processos em *Legal Ops*, o capítulo 10 tratou da importância da gestão de riscos e de seus aspectos processuais, de modo a demonstrar que essa gestão no ambiente jurídico é uma prática crucial para garantir a segurança e a previsibilidade orçamentária nas organizações.

Os profissionais de *Legal Ops*, atuando em departamentos internos ou em escritórios de advocacia, devem estar aptos a analisar e mitigar riscos associados a processos judiciais e outras vulnerabilidades legais que possam impactar a empresa.

Um dos aspectos fundamentais da gestão de riscos jurídicos é a habilidade de prever e provisionar para condenações potenciais, permitindo uma gestão financeira mais eficaz. Isso envolve entender a fundo as normas contábeis aplicáveis, como o Pronunciamento n. 25 do Comitê de Pronunciamentos Contábeis (CPC 25), que orienta sobre provisões, passivos e ativos contingentes. Essas normas ajudam a definir como as obrigações legais e as incertezas devem ser tratadas nas demonstrações financeiras, influenciando diretamente a transparência e a integridade das práticas contábeis da empresa.

Além disso, uma gestão de riscos eficaz requer a análise contínua dos riscos potenciais, que deve ser dinâmica e adaptativa, considerando as mudanças no ambiente jurídico e regulatório. Ferramentas de análise preditiva e Inteligência Artificial podem ser implementadas para antecipar resultados de litígios e identificar padrões de risco, possibilitando uma resposta mais proativa e estratégica a ameaças potenciais.

A colaboração entre os departamentos jurídicos e outras áreas da empresa também é essencial para uma gestão de riscos efetiva. Isso garante que todas as partes relevantes estejam informadas sobre os riscos legais e participem ativamente na implementação de estratégias de mitigação.

A gestão de riscos no ambiente jurídico não apenas protege a empresa contra perdas financeiras e danos à reputação, mas também fortalece a governança corporativa e suporta a sustentabilidade a longo prazo da organização.

No que tange à gestão específica dos riscos envolvendo processos judiciais – área de contencioso –, demonstramos que essa atividade é particularmente crítica, porque envolve a capacidade de uma organização de responder adequadamente às exigências legais e evitar surpresas capazes de comprometer sua estabilidade financeira. Por isso, o conhecimento e a aplicação adequada de normas contábeis, como o CPC 25 no Brasil ou a IAS/37 internacionalmente, são fundamentais para garantir que as provisões, passivos e ativos contingentes sejam corretamente identificados e gerenciados.

Essas normas ajudam a definir quando e como reconhecer obrigações financeiras e potenciais ganhos ou perdas, permitindo que as empresas façam provisões adequadas em seus relatórios financeiros. A distinção entre passivos, provisões e passivos contingentes é crucial para a transparência e a precisão nas demonstrações financeiras, influenciando diretamente a confiança dos investidores e *stakeholders*.

Além das implicações financeiras, a gestão eficaz de riscos processuais envolve uma comunicação clara e eficiente dentro da empresa e com as partes externas. Isso inclui educar as equipes sobre os riscos legais associados a suas atividades e assegurar que todos os níveis da organização entendam as estratégias de mitigação de riscos adotadas.

Portanto, a integração de uma sólida gestão de riscos no departamento jurídico ou em escritórios de advocacia que atendem a empresa não só protege contra impactos financeiros adversos como fortalece a governança corporativa e sustenta a integridade e a estabilidade da empresa a longo prazo.

No capítulo 11 iniciamos a abordagem da tecnologia, como último – mas não menos importante – conceito fundamental da área de *Legal Ops*.

Começamos tratando de exemplos de soluções tecnológicas para diversas atividades ligadas à área de *Legal Ops* e dos desafios que a implementação de soluções digitais pode gerar.

Assim, procuramos demonstrar que a escolha adequada e a correta implementação de soluções tecnológicas em *Legal Ops* é crucial para enfrentar desafios complexos de maneira mais eficaz, otimizando custos e melhorando a prestação de serviços jurídicos.

O uso da tecnologia deve ser entendido como ferramenta de suporte, não como um recurso primário, exigindo um entendimento claro das necessidades,

Conclusão · 163

capacitação dos recursos humanos e desenvolvimento de processos adequados antes de sua aplicação.

Ferramentas como gestão de documentos e contratos, automação de fluxos de trabalho e análise de dados são fundamentais para aumentar a eficiência, e plataformas como ContractSafe, DocuSign, Autto, Zapier, Tableau e Microsoft Power BI são algumas das opções destacadas para melhorar as operações em *Legal Ops*.

A seleção e a implementação dessas ferramentas tecnológicas deve considerar fatores como integração de sistemas, análise de custo-benefício, *compliance*, escalabilidade e suporte contínuo.

Mencionamos a importância da Associação Brasileira de *Lawtechs* e *Legaltechs* (AB2L) na disseminação e adoção de soluções tecnológicas no setor, oferecendo recursos como o "Radar de *Lawtechs* e *Legaltechs*" para mapear serviços e tecnologias relevantes.

Por fim, alertamos que adotar novas tecnologias exige o preparo para enfrentar desafios como resistência à mudança, necessidade de treinamento adequado, garantia de segurança da informação e manutenção de uma cultura organizacional que suporte inovação. Por isso é necessário alinhar as novas tecnologias com os objetivos estratégicos, de modo a garantir uma implementação bem-sucedida e sustentável.

Por fim, no último capítulo da Parte IV, o tema Inteligência Artificial (IA) e suas aplicações em *Legal Ops* não poderia ser esquecido.

Esclarecer de que maneira a Inteligência Artificial na área de *Legal Ops* está redefinindo as operações nos departamentos jurídicos, tornando-se essencial para automatizar tarefas repetitivas e para otimizar a gestão de documentos e a análise de contratos, foi o foco do capítulo.

Para tanto, foi importante demonstrar que o desenvolvimento de tecnologias como o *machine learning* tem evoluído a IA para não apenas processar informações existentes, mas também gerar novos dados e documentos aderentes a padrões legais e linguísticos, reduzindo significativamente o tempo e esforço humanos necessários em tarefas rotineiras.

Além disso, mostramos que a IA oferece ferramentas poderosas para a previsão de resultados de casos e o aperfeiçoamento das estratégias de litígio, recorrendo a vastos conjuntos de dados para modelar cenários futuros e ajudar na tomada de decisão baseada em evidências.

Ouro ponto especial abordado foi o fato de que a jurimetria, aplicando métodos quantitativos para a análise de dados jurídicos, também tem sido profundamente impactada pela IA, permitindo uma análise mais eficiente e precisa dos dados e possibilitando previsões e estratégias mais informadas.

Por meio de técnicas de *machine learning*, os profissionais da área de *Legal Ops* podem antecipar resultados de casos e personalizar abordagens legais, otimizando o gerenciamento de riscos e melhorando o atendimento ao cliente com soluções baseadas na análise detalhada de casos anteriores.

Conforme a tecnologia avança, espera-se uma integração maior da IA com outras tecnologias disruptivas e um aumento em sua aplicação em tarefas mais complexas, preparando o terreno para uma transformação significativa na prática jurídica, marcada por maior eficiência, precisão e personalização dos serviços jurídicos.

2. OLHANDO PARA O FUTURO DO *LEGAL OPS*

À medida que as páginas deste livro sobre o futuro de *Legal Ops* se encaminham para seu término, é crucial reconhecer que as inovações e transformações descritas ao longo dos capítulos anteriores projetam um futuro promissor e desafiador para os profissionais de *Legal Ops*. Esse campo emergente, que une direito e tecnologia, está redefinindo o panorama das práticas jurídicas, transformando não apenas os fluxos de trabalho internos, mas também a interação com clientes e a estruturação de estratégias legais.

Nos próximos anos, esperamos ver uma evolução contínua nas ferramentas e metodologias que definem a área de *Legal Ops*. A integração ainda mais profunda da Inteligência Artificial, o uso ampliado de *Big Data* e a adoção crescente da automação vão refinar ainda mais a eficiência e a eficácia das operações jurídicas. Essas tecnologias não apenas simplificarão tarefas complexas e repetitivas, mas também possibilitarão análises mais sofisticadas e predições acuradas sobre resultados de litígios e tendências regulatórias.

A gestão de documentos, uma das colunas vertebrais de qualquer departamento jurídico, será transformada por soluções de gestão eletrônica que utilizarão IA para classificar, arquivar e recuperar informações de maneira mais inteligente. Essas ferramentas reduzirão a carga de trabalho manual e minimizarão os erros humanos, garantindo uma base de dados robusta e facilmente acessível, essencial para a tomada de decisão rápida e informada.

Além disso, o gerenciamento de contratos verá avanços significativos com plataformas que não apenas armazenam e recuperam contratos, mas também analisam seu conteúdo para identificar riscos e oportunidades. A automatização do processo de revisão e a negociação de contratos por meio de IA permitirão uma negociação mais estratégica e personalizada, refletindo as necessidades específicas de cada cliente e de cada contexto jurídico.

A comunicação e a colaboração entre equipes também serão revolucionadas por plataformas que integram conversas, gestão de projetos e compartilhamento de arquivos em um único ambiente virtual. Isso proporcionará um ambiente de trabalho mais ágil e sincronizado, especialmente em configurações remotas ou híbridas, onde a coordenação eficaz entre os membros da equipe é fundamental.

Conclusão

A capacidade de integrar novas regulamentações rapidamente aos sistemas existentes será crucial para manter a conformidade sem interromper as operações diárias. Isso será particularmente importante em um cenário globalizado, onde as mudanças regulatórias em uma jurisdição podem afetar operações em todo o mundo.

Os desafios éticos e de privacidade também serão abordados com mais ênfase à medida que a coleta e a análise de dados se tornem mais intrincadas. A importância de criar sistemas que não apenas respeitem as normas de privacidade, mas também promovam a transparência e a responsabilidade, será uma prioridade. Essa dinâmica requererá uma abordagem equilibrada, que proteja os direitos dos indivíduos enquanto maximiza o potencial dos dados para melhorar os serviços jurídicos.

A educação e o treinamento em *Legal Ops* precisarão se adaptar para preparar os profissionais para um ambiente cada vez mais tecnológico. Programas de capacitação contínua que enfatizem habilidades técnicas e analíticas juntamente com o conhecimento jurídico tradicional serão essenciais. Esses programas ajudarão a formar uma nova geração de profissionais jurídicos, tão proficientes em tecnologia quanto são em leis.

O papel do líder de *Legal Ops* evoluirá de maneira significativa. Os líderes precisarão ser visionários, capazes de antecipar tendências tecnológicas e integrá-las estrategicamente às práticas jurídicas de suas organizações. Eles serão essenciais na promoção de uma cultura que abrace a inovação enquanto mantém o foco inabalável na ética e na excelência operacional.

Em conclusão, o futuro do *Legal Ops* é um panorama vibrante de oportunidades e desafios. Como em qualquer período de transformação significativa, a chave para o sucesso será a capacidade de adaptar-se rapidamente às novas ferramentas e tecnologias, garantindo que elas sejam implementadas de maneira a respeitar tanto a ética quanto a eficácia.

Com a combinação certa de inovação, visão estratégica e compromisso com a excelência, o campo de *Legal Ops* não se limitará a acompanhar o futuro, mas definirá o ritmo para o restantes da indústria jurídica.

Posfácio

Bruno Feigelson[1]

Ao encerrar a leitura deste livro, fica evidente que estamos diante de um marco transformador para o ecossistema jurídico. *Dominando Legal Ops* é mais do que um guia prático – é um convite a repensar a gestão jurídica em sua essência.

Legal Ops, como apresentado aqui, não é apenas uma área de suporte; é uma filosofia de integração e eficiência, que une pessoas, processos e tecnologia em uma sinfonia estratégica. Este livro transcende a teoria e nos leva ao âmago das transformações necessárias para que departamentos jurídicos e escritórios de advocacia sejam não apenas reativos, mas protagonistas no ambiente corporativo.

Ao longo de cada capítulo, somos guiados por uma visão inovadora e prática, que resgata a importância do capital humano como o verdadeiro motor de qualquer mudança significativa. São as pessoas, com suas habilidades, motivações e engajamento, que materializam a potência de processos otimizados e tecnologias disruptivas.

O panorama aqui traçado reflete a urgência de uma nova mentalidade no Direito: uma advocacia que dialogue com outras áreas do conhecimento, que saiba aproveitar o poder dos dados e da inteligência artificial e que, acima de tudo, coloque o cliente no centro da estratégia.

Como entusiasta da transformação digital na advocacia, fico profundamente inspirado por esta obra. Ela não apenas traduz as necessidades do presente, mas também projeta o futuro do *Legal Ops* com clareza e ousadia. Que este livro seja um ponto de partida para muitos profissionais que buscam impactar positivamente suas organizações e a sociedade.

O futuro do Direito é agora, e ele será moldado por aqueles que, como você, leitor, têm coragem de liderar essa mudança.

---

[1] Pós-doutor em Direito pela Unirio. Doutor e mestre em Direito pela UERJ. Sócio do Lima – Feigelson Advogados. Co-CEO do Sem Processo. Fundador e Membro do Conselho de Administração da AB2L (Associação Brasileira de *Lawtechs* e *Legaltechs*). Chairman da Future Law e Wal Ventures. Kickboxing Black Belt. É professor universitário, palestrante e autor de diversos livros e artigos especializados na temática Direito, Inovação e Novas Tecnologias.

Apêndice

1. ESTUDO DE CASO: INFRAERO[1]

A experiência da **Superintendência Jurídica da Infraero** em 2021 é um exemplo emblemático de como a implementação de ferramentas e metodologias típicas de *Legal Ops* pode gerar resultados financeiros e operacionais expressivos, promovendo uma mudança cultural profunda no gerenciamento jurídico.

A Infraero vivia um contexto desafiador de diminuição de receitas em razão da política governamental vigente à época, de concessão dos aeroportos administrados pela estatal à iniciativa provada. Isso fez com que a alta direção da empresa focasse objetivos estratégicos e planos de ações voltados à **diminuição de custos e ao aumento de receita**. Tais objetivos e planos foram replicados para todas as áreas da empresa.

De modo a seguir alinhado com os objetivos estratégicos da Infraero e com a necessidade de otimizar seus processos e garantir a sustentabilidade econômico-financeira, a Superintendência Jurídica iniciou, em 2021, um projeto de reavaliação de fluxos de trabalho jurídicos, aplicação de ferramentas tecnológicas e estabelecimento de metas claras de desempenho. Essa iniciativa foi impulsionada por uma cultura voltada para resultados, promovida pela Superintendência Jurídica.

Sob a liderança da então superintendente jurídica, Emanuelle Dias Weiler Soares, e com o apoio da consultoria especializada Future Law Studio, a Infraero conseguiu alinhar sua área jurídica aos objetivos estratégicos da empresa, com impactos claros e mensuráveis.

A parceria com a Future Law Studio permitiu identificar pontos críticos e oportunidades de melhoria. O projeto incluiu:

1. **Identificação e recuperação de depósitos em juízo:** por meio de uma análise detalhada, valores significativos, anteriormente depositados em juízo, foram recuperados e reintegrados ao caixa da Infraero.
2. **Política de acordos processuais:** o desenvolvimento inicial dessa política trouxe maior eficiência à resolução de litígios, reduzindo custos e tempos processuais.

---

[1] As fontes dos dados e informações deste tópico foram obtidas junto à Superintendência Jurídica da Infraero.

3. **Revisão de avaliações de riscos processuais:** com base em **OKRs** e **KPIs**, foi possível reavaliar riscos de processos e ajustar os valores provisionados, liberando recursos para outras prioridades.

4. **Cancelamento de apólices de seguro-garantia:** foram identificadas apólices que já não estavam mais em uso, possibilitando cancelamentos e economias significativas em custos contratuais.

5. **Foco em processos conclusos:** a equipe concentrou esforços em processos que estavam conclusos com magistrados havia mais de seis meses, destravando decisões importantes e melhorando a eficiência operacional.

Os resultados financeiros e operacionais foram expressivos. Dentre as conquistas, destacam-se:

- **Recuperação de valores:** mais de R$ 1,7 milhão foram resgatados em depósitos judiciais.

- **Decisões judiciais favoráveis:** em um curto período, foram obtidas 40 decisões favoráveis à Infraero.

- **Redução de custos:** com o cancelamento de mais de 20 apólices de seguro-garantia desnecessárias, houve economia direta nos custos contratuais.

- **Desbloqueio de processos:** 12 processos, que estavam parados havia mais de 180 dias, receberam andamento.

Graças aos resultados expressivos alcançados, a alta direção da Infraero decidiu consolidar e expandir as boas práticas implementadas. Com isso, em 2022 foi criada a **Gerência de Operações Legais (JDOL)**, com o objetivo de sedimentar as metodologias e ferramentas de *Legal Ops* Superintendência Jurídica e ampliar sua aplicação em toda a empresa.

Um dos fatores de sucesso foi a abordagem multidisciplinar, integrando profissionais de diversas áreas técnicas, como finanças e jurídica. Essa integração não apenas otimizou processos, mas também quebrou barreiras de comunicação e promoveu uma conjugação de conhecimentos que resultou em contratos mais eficientes e em decisões mais assertivas.

O caso da Infraero demonstra que a implementação de uma mentalidade de resultados, alinhada com valores, princípios, ferramentas e metodologias próprias de *Legal Ops,* não é apenas uma tendência, mas uma necessidade para alinhar a área jurídica aos objetivos estratégicos de uma organização.

A experiência da Infraero comprova que uma gestão jurídica eficiente e orientada por dados pode gerar impactos financeiros e operacionais significativos, além de transformar a cultura organizacional.

2. GLOSSÁRIO DE TERMOS DE *LEGAL OPS*

AB2L (Associação Brasileira de *Lawtechs* e *Legaltechs*): organização que promove a conexão do setor jurídico com tecnologias inovadoras, oferecendo suporte e disseminando conhecimentos sobre a adoção de tecnologia no setor jurídico.

Acordos de nível de serviço (SLAs): contratos que especificam as expectativas de desempenho e padrões de qualidade para os serviços prestados por fornecedores externos, incluindo prazos, qualidade do trabalho e métricas de *performance*.

Adaptabilidade: capacidade de uma organização ou indivíduo de se ajustar rapidamente a mudanças ou desafios no ambiente de trabalho, mantendo ou melhorando a eficiência.

Adequação cultural: critério de seleção que avalia o quanto as crenças, valores e comportamentos de um candidato estão em harmonia com os princípios e a cultura da organização.

Advocacia 4.0: conceito que descreve a integração de tecnologias avançadas como Inteligência Artificial, *Big Data* e *blockchain* na prática jurídica, caracterizando a Quarta Revolução Industrial no setor jurídico.

Alinhamento estratégico: processo de ajustar as operações e objetivos de *Legal Ops* às metas gerais da empresa, garantindo que as ações jurídicas suportem a estratégia de negócio.

Alinhamento estratégico: processo de garantir que todas as atividades jurídicas estejam sincronizadas com a visão e a estratégia geral da empresa, compreendendo profundamente os objetivos de negócios e moldando os serviços jurídicos para apoiar esses objetivos.

Análise preditiva: utilização de IA para identificar padrões e prever tendências e resultados futuros, fundamentais para a preparação de casos e estratégias jurídicas.

Análise SWOT: ferramenta de planejamento estratégico que avalia as Forças, Fraquezas, Oportunidades e Ameaças de uma empresa, permitindo uma análise integrada das capacidades internas e do ambiente externo.

***Analytics* e relatórios:** uso de ferramentas para análise de dados e geração de relatórios visuais, auxiliando na tomada de decisões informadas.

Assistência jurídica virtual: aplicação de Inteligência Artificial por via de plataformas digitais para otimizar a pesquisa jurídica, economizando tempo e recursos.

172   Apêndice

Ativos contingentes: potenciais ativos que surgem de eventos passados e cuja existência será confirmada somente pela ocorrência de condições futuras favoráveis.

Automatização: uso de tecnologias como *software* e Inteligência Artificial para realizar tarefas repetitivas e baseadas em regras, como a automação de documentos e análises preditivas, visando aumentar a produtividade e reduzir erros humanos.

Big Data: conjuntos de dados extremamente grandes que podem ser analisados computacionalmente para revelar padrões, tendências e associações, especialmente relacionados ao comportamento humano e interações, aplicados no contexto jurídico para jurimetria e análises complexas.

Blockchain: tecnologia de registro distribuído que garante a transparência e a segurança na gestão de informações legais, usada em *Legal Ops* para contratos inteligentes e o registro de propriedade intelectual.

Business Processes Management **(BPM):** abordagem de gestão que utiliza métodos, técnicas e ferramentas para analisar, modelar, publicar, monitorizar e evoluir processos de negócios.

Capacitação profissional: desenvolvimento contínuo das habilidades de profissionais de *Legal Ops* por meio de treinamento e educação, visando manter a equipe atualizada com as últimas tendências e práticas do setor.

Capital humano: refere-se aos indivíduos dentro de uma organização, cujas habilidades, motivação e engajamento são cruciais para a eficácia das operações jurídicas e o impulso à inovação e ao crescimento estratégico.

Centros de Serviços Compartilhados – CSC (*Shared Service Centers*): unidades que centralizam e consolidam funções e processos comuns a várias divisões ou departamentos, visando melhorar eficiência, reduzir custos e fornecer serviços consistentes.

Círculo Dourado: modelo desenvolvido por Simon Sinek que explica que organizações e líderes inspiradores começam comunicando o "Porquê" (o propósito ou causa), seguido pelo "Como" (os processos ou valores que diferenciam) e o "O Quê" (os resultados ou produtos).

Classificação de documentos: aplicação de *machine learning* em *Legal Ops* para aprender a identificar e categorizar documentos com base em exemplos anteriores, aumentando a eficiência da revisão legal.

CLOC (*Corporate Legal Operations Consortium*): organização que produz conhecimentos para a área de *Legal Ops*, que propõe a mandala de 12 atividades essenciais para orientar profissionais do campo.

Apêndice

Colaboração: valor em *Legal Ops* que destaca a necessidade de trabalho conjunto e interdisciplinar entre as equipes jurídicas e outras áreas da empresa para alcançar objetivos comuns.

Compliance **(conformidade):** práticas destinadas a garantir que a organização cumpra leis, regulamentos, políticas e padrões éticos.

Computação em nuvem: tecnologia que permite o acesso remoto a *softwares*, armazenamento e processamento de dados por meio da internet, promovendo a eficiência e a escalabilidade dos serviços jurídicos.

Conformidade regulatória (*compliance*): adesão e seguimento às leis, regulamentos e diretrizes que governam a operação empresarial, incluindo práticas contábeis e de governança corporativa.

Consultoria jurídica: modelo de entrega de serviço no qual advogados atuam como consultores, ajudando os clientes a navegar por riscos legais e a tomar decisões estratégicas, além da representação tradicional em questões legais.

Cultura de pertencimento e realização: ambiente organizacional que valoriza e reconhece as contribuições individuais, promovendo um sentido de pertencimento e permitindo a autorrealização pessoal dentro da empresa.

Desagregação: divisão do trabalho jurídico em componentes menores que podem ser tratados de forma mais eficiente, como usar *software* de Inteligência Artificial para revisões iniciais de documentos e reservar análises profundas para advogados especializados.

Desconstrução de serviços jurídicos: abordagem proposta por Richard Susskind segundo a qual os serviços jurídicos são divididos em tarefas individuais para determinar a melhor maneira de serem realizadas, seja por advogados, tecnologia ou outros processos.

"Efeito Iridium": termo que descreve os riscos de investimentos massivos em projetos que podem falhar devido à falta de alinhamento com as necessidades reais do mercado ou pela superestimação das capacidades tecnológicas.

Eficiência operacional: capacidade de maximizar a produtividade e eficácia das operações jurídicas, reduzindo custos e tempo enquanto mantém a qualidade dos serviços.

Engajamento: medida de como os funcionários estão emocionalmente comprometidos e entusiasmados com seu trabalho e a empresa, vital para aumentar a produtividade e a retenção de talentos.

Estruturação conceitual: processo de definir claramente os valores, princípios e atividades de *Legal Ops*, proporcionando uma base sólida para a prática e a teorização da área.

Ética: conjunto de princípios e valores que orientam o comportamento humano dentro de uma organização, assegurando ações e decisões alinhadas com padrões morais e legais.

Externalização: a transferência de certos serviços jurídicos para entidades externas, como Centros de Serviços Compartilhados ou países com custos de mão de obra mais baixos, buscando eficiência e redução de custos.

Fase AS-IS: fase de mapeamento em BPM na qual o estado atual dos processos é documentado e analisado, mostrando como os processos operam antes de qualquer intervenção.

Fase TO-BE: etapa no BPM que descreve o estado futuro desejado para os processos, depois de as melhorias serem implementadas, estabelecendo a visão para os processos ideais e planejando a transição.

Ferramentas metodológicas e procedimentais: conjunto de processos e práticas utilizados em *Legal Ops* para melhorar a execução das tarefas e alcançar os objetivos estabelecidos, sempre apoiados pelo uso adequado de soluções tecnológicas.

***Fit* cultural:** sinergia entre os valores, crenças e comportamentos de um funcionário e os da organização, considerada essencial para a eficácia do recrutamento e retenção de talentos.

Foco no cliente: princípio de *Legal Ops* que coloca as necessidades do cliente interno e externo no centro das operações jurídicas, garantindo que os serviços prestados estejam alinhados com as expectativas e necessidades do cliente.

Gargalos: pontos em um processo que limitam a produtividade geral do sistema devido à capacidade reduzida, resultando em atrasos e acumulação de trabalho.

Gerenciamento de litígios: utilização de análises preditivas de ferramentas digitais para desenvolver estratégias jurídicas baseadas em dados históricos e tendências de julgamento.

Gestão de documentos e contratos: utilização de *softwares* para armazenar, acessar e assinar documentos e contratos digitalmente, melhorando a eficiência e a segurança.

Gestão de documentos: uso de sistemas para armazenar, gerenciar e rastrear documentos eletrônicos, fundamental para a organização e a acessibilidade dos arquivos jurídicos em *Legal Ops*.

Gestão de projetos: emprego de *softwares* para gerenciar projetos, monitorar prazos e sincronizar as atividades da equipe, otimizando a conclusão de tarefas.

Gestão de riscos: atividades dedicadas a identificar, avaliar e mitigar riscos legais e operacionais que podem afetar a organização.

Apêndice

Gestão de riscos: processo de identificação, avaliação e controle de riscos que podem afetar negativamente a organização, especialmente em relação a potenciais perdas financeiras decorrentes de condenações judiciais.

Gestão de talentos: processo de recrutamento, desenvolvimento e retenção de profissionais qualificados para a área de *Legal Ops*, visando construir equipes competentes e motivadas.

Gestão do conhecimento: aplicação de plataformas digitais para organizar e compartilhar informações vitais, garantindo acesso fácil e colaboração efetiva entre os membros da equipe, e para evitar a descontinuidade das atividades, por ausência de compreensão das tarefas envolvidas.

Gestão jurídica 4.0: refere-se ao uso de tecnologia avançada, inovação em modelos de negócios e uma cultura organizacional que valoriza a aprendizagem contínua e a flexibilidade para inovar dentro de departamentos jurídicos e escritórios de advocacia.

Governança corporativa: estruturas e processos de direção e controle que ajudam na eficácia da gestão e na conformidade com regulamentos, promovendo a transparência e a ética empresarial.

Hard skills: competências técnicas ou habilidades específicas necessárias para realizar tarefas profissionais, como conhecimento jurídico, habilidades em tecnologia ou gestão de projetos.

Hybrid skills: combinação de *hard skills* e *soft skills* que capacita os profissionais a desempenhar funções que exigem tanto conhecimento técnico quanto competências interpessoais. São particularmente valorizadas em ambientes de trabalho dinâmicos e interdisciplinares, onde a capacidade de aplicar conhecimentos técnicos em contextos sociais e colaborativos é crucial.

IA generativa: avanço na tecnologia de IA que não apenas aprende com dados existentes, mas também gera novos dados que parecem autênticos para humanos.

Ineficiências de processos: aspectos dos processos que são excessivamente lentos, redundantes ou complicados, levando ao desperdício de recursos e a atrasos na entrega de serviços.

Inovação: implementação de novas tecnologias, processos ou estratégias que transformam a prestação de serviços jurídicos, tornando-os mais eficazes e alinhados com as necessidades contemporâneas dos negócios.

Inteligência Artificial (IA): tecnologia que permite que máquinas simulem capacidades humanas de raciocínio, aprendizado e tomada de decisão, utilizada em *Legal Ops* para automação e análise preditiva.

Jurimetria: análise estatística do direito, na qual padrões e previsões sobre o desfecho de litígios são gerados a partir de grandes volumes de dados jurídicos.

Key Performance Indicator (KPIs): indicador-chave de desempenho que mede a eficácia de determinada atividade em alcançar seus objetivos estratégicos e operacionais.

Legal Operations (Legal Ops): área dedicada à otimização dos serviços jurídicos nas organizações, voltada à eficiência, inovação e alinhamento estratégico com os objetivos de negócios.

Lei da Difusão da Inovação: teoria que explica como, por quê e a que velocidade novas ideias e tecnologias se espalham. No contexto jurídico, ajuda a entender as variações na adoção de novas tecnologias entre diferentes grupos de profissionais jurídicos.

Liderança transformadora: abordagem de liderança que valoriza a comunicação menos formal, a colaboração entre equipes multidisciplinares e a inovação constante, transformando a cultura tradicional do departamento jurídico.

Machine learning: subconjunto da Inteligência Artificial que envolve o desenvolvimento de algoritmos capazes de melhorar o desempenho em tarefas específicas por meio da experiência e análise de dados.

Mandala do CLOC: ferramenta conceitual que destaca 12 atividades essenciais de *Legal Ops*, ajudando a estruturar e otimizar operações jurídicas nas organizações.

Manifesto Ágil: documento que resume os valores e princípios do desenvolvimento ágil, servindo como referência para outras áreas, incluindo *Legal Ops*, na adoção de uma abordagem mais adaptativa e colaborativa.

Mapeamento de processos: técnica utilizada para documentar, analisar e entender como as tarefas e atividades se interconectam, visando identificar redundâncias, gargalos e áreas para melhoria.

Melhoria contínua: princípio em *Legal Ops* que encoraja a constante avaliação e aprimoramento dos processos e práticas jurídicas para aumentar a eficiência e a eficácia.

Modelos de Entrega de Serviço (Service Delivery Model): estruturas que fornecem diretrizes, conceitos, ferramentas e estratégias para a prestação de serviços jurídicos, abrangendo processos, pessoas, tecnologias e estruturas organizacionais.

Modelos de serviço alternativos: incluem firmas de advocacia virtuais e parcerias entre firmas de advocacia e empresas de tecnologia, que usam abordagens inovadoras para prestar serviços jurídicos.

Apêndice

Motivação e propósito: elementos centrais na gestão de pessoas dentro de *Legal Ops*, focando o alinhamento dos valores e motivações individuais com os objetivos da organização para criar sinergia e melhor desempenho.

Movimento Ágil: abordagem de gestão de projetos que enfatiza flexibilidade, a colaboração entre equipe e cliente e a capacidade de adaptar-se rapidamente às mudanças, inspirando práticas similares em *Legal Ops*.

Multidisciplinaridade: abordagem que envolve a integração de conhecimentos, habilidades e experiências de várias disciplinas para enriquecer a tomada de decisão e a resolução de problemas.

Multi-Sourcing: abordagem de delegação de diferentes aspectos dos serviços jurídicos a vários fornecedores, cada um especializado em uma área específica, para garantir uma cobertura ampla e especializada das necessidades jurídicas.

Objectives and Key Results (OKRs): metodologia de definição de metas usada para estabelecer objetivos claros e mensuráveis em vários níveis da organização, acompanhados de resultados-chave que indicam como esses objetivos serão alcançados.

Organizações exponenciais: empresas que têm a capacidade de escalar seu desempenho muito mais rápida e eficientemente do que empresas tradicionais, frequentemente por meio da adoção de novas tecnologias e abordagens inovadoras.

Otimização de processos: continuidade do ajuste e melhoria dos processos para aumentar a eficiência e a eficácia, removendo ineficiências e simplificando procedimentos.

Parcerias estratégicas: colaborações formais entre um departamento jurídico e fornecedores externos para otimizar operações, reduzir custos e melhorar a eficiência dos serviços jurídicos.

Passivos contingentes: potenciais obrigações que surgem de eventos passados cuja existência será confirmada apenas por um ou mais eventos futuros incertos.

Personalização de serviços jurídicos: uso de tecnologia para adaptar as soluções jurídicas às necessidades específicas de cada cliente, melhorando a interação e satisfazendo as demandas de maneira mais eficaz.

Pilares de gestão estratégica: referem-se aos três principais focos de atenção em *Legal Ops* – pessoas, processos e tecnologia –, cada um com seus princípios e dinâmicas específicas.

Pilares estratégicos: elementos fundamentais que sustentam e direcionam a gestão e o desenvolvimento em *Legal Ops*, incluindo pessoas, processos e tecnologias, com um enfoque especial na ordem e na eficácia da execução das tarefas.

Planejamento estratégico: primeiro passo na definição de como a visão da empresa se aplica à área, envolvendo a identificação e o desenvolvimento de estratégias alinhadas com as metas corporativas.

Princípios do Manifesto Ágil: conjunto de diretrizes desenvolvidas para o desenvolvimento ágil de *software*, aplicáveis a *Legal Ops* para promover flexibilidade, resposta rápida a mudanças e colaboração eficaz.

Pronunciamento CPC 25: Normativa do Comitê de Pronunciamentos Contábeis que regula o reconhecimento e a mensuração de provisões, passivos contingentes e ativos contingentes.

Propósito Transformador Massivo (PTM): aspiração ampla e inspiradora que define organizações exponenciais e visa mudar algum aspecto do mundo para melhor. Serve como um guia motivacional para a equipe e atrai os melhores talentos.

Provisões: reservas financeiras estabelecidas para cobrir obrigações que são prováveis e estimáveis, mas com prazos ou valores ainda incertos.

Quatro disciplinas da execução: metodologia que enfatiza a clareza de metas, o envolvimento de equipe, a manutenção de uma cadência de responsabilidade e o acompanhamento de resultados para alcançar alta *performance* organizacional.

Radar de *Lawtechs* e *Legaltechs*: ferramenta *online* que mapeia fornecedores de serviços e tecnologias digitais para a área jurídica, facilitando a escolha e a comparação de produtos disponíveis no mercado.

Recrutamento: processo de atrair e selecionar profissionais qualificados, enfatizando habilidades técnicas (*hard skills*), habilidades comportamentais (*soft skills*), adequação cultural, alinhamento de valores e visão com a organização.

Redação automatizada de documentos jurídicos: uso de IA generativa para compor documentos jurídicos que seguem padrões legais e linguísticos sem intervenção humana detalhada.

Redes generativas adversárias (GANs): modelo de IA generativa que consiste em duas redes neurais, a geradora e a discriminadora, que aprendem uma com a outra para produzir dados que imitam os reais.

Redundâncias: repetições desnecessárias em um processo que não agregam valor e podem ser eliminadas para tornar o sistema mais eficiente.

Relooking: processo de revisão e reestruturação de processos jurídicos para incorporar novas práticas e tecnologias, visando melhorar a eficiência e eficácia dos serviços.

Apêndice   179

Resposta a incidentes: processo de reação a eventos ou ocorrências que representam riscos para a segurança financeira ou operacional da organização, incluindo a comunicação de ocorrências financeiras aos *stakeholders*.

Retenção de talentos: estratégias e práticas destinadas a manter colaboradores valiosos na organização, minimizando a rotatividade e maximizando a continuidade e eficiência da equipe.

***Service Level Compliance* (SLC):** métrica que mede o grau em que os fornecedores de serviços externos cumprem os SLAs estabelecidos, garantindo que os serviços estejam em conformidade com os padrões e expectativas acordados.

Síndrome do Objeto Brilhante: tendência a adotar novas tecnologias impulsivamente sem uma avaliação crítica de sua utilidade ou eficácia, comum em contextos nos quais a inovação é valorizada sem consideração suficiente pelas necessidades reais da organização.

Soft skills: conjunto de habilidades interpessoais que se relacionam com a capacidade de uma pessoa interagir eficazmente com outras. Incluem competências emocionais, sociais, de comunicação e de relacionamento que facilitam a interação e a colaboração no ambiente de trabalho.

Soluções tecnológicas: ferramentas e sistemas utilizados para aprimorar a eficiência das operações em *Legal Ops*, facilitando a gestão de documentos, a automação de processos e a análise de dados.

Subcontratação (*Subsourcing*): delegação de partes específicas de um trabalho jurídico para especialistas externos, geralmente *ad hoc*, para casos que requerem especialização nichada.

Tecnologia emergente: ferramentas tecnológicas, como automação e Inteligência Artificial, que transformam tarefas repetitivas e intensivas em processos mais rápidos e menos propensos a erros, utilizadas nos modelos de entrega de serviços jurídicos.

Tecnologias habilitadoras: ferramentas e sistemas que suportam e melhoram as operações de *Legal Ops*, como *softwares* de gestão de documentos, plataformas de automação e soluções de Inteligência Artificial.

Teorização científica: desenvolvimento de uma fundamentação teórica para *Legal Ops* que apoia sua definição e prática dentro de contextos organizacionais complexos.

Terceirização (*Outsourcing*): prática de delegar tarefas jurídicas menos complexas e rotineiras para fornecedores externos, frequentemente em regiões de menor custo de mão de obra, a fim de reduzir custos e permitir que os advogados internos se concentrem em tarefas mais estratégicas.

Treinamento contínuo: estratégia de desenvolvimento profissional que envolve a educação constante dos membros de uma equipe, focando o aprimoramento de *hard skills* e *soft skills* para manter a equipe atualizada e eficaz.

Valores de *Legal Ops*: princípios que orientam a prática de *Legal Ops*, ajudando a definir e estruturar suas atividades de forma alinhada com os objetivos estratégicos da organização.

Referências

ASSOCIAÇÃO BRASILEIRA DE *LAWTECHS* E *LEGALTECHS* (AB2L). Disponível em: https://www.ab2l.org.br/. Acesso em: 4 mar. 2024.

ASHLEY, K. D. *Artificial intelligence and legal analytics*: new tools for law practice in the digital age. Cambridge: Cambridge University Press, 2017.

BROWN, T. *Design thinking*: uma metodologia poderosa para decretar o fim das velhas ideias. Rio de Janeiro: Alta Books, 2020.

CASAROTTO, C. Como fazer análise SWOT ou FOFA: confira o passo a passo completo com as melhores dicas. *Rock Content,* 20 dez. 2019. Disponível em: https://rockcontent.com/br/blog/como-fazer-uma-analise-swot/. Acesso em: 23 jan. 2025.

COELHO, A.; CAMELO, A.; FEFERBAUM, M.; PASQUALETO, O. (coord.). *Novas áreas, tecnologia aplicada e habilidades:* o futuro da advocacia. São Paulo: Thomson Reuters Brasil, 2023.

COHEN, W. *Peter Drucker melhores práticas*: estratégias e *insights* do pai da gestão moderna. São Paulo: Évora, 2018.

COUTINHO, T. O que é o Ciclo PDCA? Entenda como funciona cada etapa! *Voitto,* 23 jun. 2017. Disponível em: https://voitto.com.br/blog/artigo/o-que-e-o-ciclo-pdca. Acesso em: 23 jan. 2025.

COVEY, S.; McCHESNEY, C.; HULING, J. *As quatro disciplinas da execução*: alcançando suas metas mais importantes. Rio de Janeiro: Alta Books, 2017.

DAVID, S. *Agilidade emocional*: abra sua mente, aceite as mudanças e prospere no trabalho e na vida. Tradução Claudia Gerpe Duarte e Eduardo Gerpe Duarte. São Paulo: Cultrix, 2018.

DOERR, J. *Avalie o que importa*: como o Google, Bono Vox e a Fundação Gates sacudiram o mundo com os OKRs. Tradução Bruno Menezes. São Paulo: Intrínseca, 2019.

DUHIGG, C. *O poder do hábito*: por que fazemos o que fazemos na vida e nos negócios. Rio de Janeiro: Objetiva, 2012.

DRUCKER, P. F. *Inovação e espírito empreendedor:* prática e princípios. São Paulo: Cengage Learning, 2022.

GLADWELL, M. *Blink:* a decisão num piscar de olhos. Rio de Janeiro: Rocco, 2016.

GLADWELL, M. *Fora de série*: Outliers. Rio de Janeiro: Sextante, 2008.

GROVE, A. *Gestão de alta performance*: tudo o que um gestor precisa saber para gerenciar equipes e manter o foco em resultados. Tradução de Cristina Yamagami. São Paulo: Benvirá, 2020.

HUNTER, J. *O monge e o executivo*: uma história sobre a essência da liderança. Rio de Janeiro: Sextante, 2004.

ISMAIL, S.; MALONE, M. S.; VAN GEEST, Y. *Organizações exponenciais*: por que elas são 10 vezes melhores, mais rápidas e mais baratas que a sua (e o que fazer a respeito). São Paulo: Alta Books, 2019.

KAHNEMAN, D. *Rápido e devagar:* duas formas de pensar. Tradução Cássio de Arantes Leite. Rio de Janeiro: Objetiva, 2012.

KNAPP, J; ZERATSKY, J; KOWITZ, B. *Sprint:* o método usado no Google para testar e aplicar novas ideias em apenas cinco dias. Rio de Janeiro: Intrínseca, 2017.

MARTINS, D. Gestão jurídica 4.0: os três pilares para inovar na sua carreira, destacar-se no mercado e se transformar em um advogado exponencial. *In:* MARTINS, E. G.; PEREZ, N. S. *A nova era da gestão jurídica*: estratégias para escritórios de advocacia do século XXI. São Paulo: RT, 2019.

MMP CURSOS. *O que é passivo? O que é provisão? O que é um passivo contingente? Quando usar um ou outro? Quais as diferenças?* 2024. Disponível em: https://mmpcursos.com.br/o-que-e-passivo-o-que-e-provisao-o-que-e-passivo-contingente-quando-usar-um-ou-outro-quais-as-diferencas/. Acesso em: 12 fev. 2025.

RIES, E. *A startup enxuta*. Rio de Janeiro: Leya, 2019.

ROSENBERG, M. B. *Comunicação não violenta:* técnicas para aprimorar relacionamentos pessoais e profissionais. Tradução Mário Vilela. São Paulo: Ágora, 2021.

SALEM, L. (coord.). *Gestão estratégica do departamento jurídico moderno:* caminhos para a excelência e formas de inseri-lo nas decisões empresariais. 2. ed. Curitiba: Juruá, 2010.

SAMICO, P.; TOCCI, G; CARNEIRO, T (coord.). *Transformação jurídica:* criatividade é comportamento... inovação é processo. São Paulo: Saraiva Jur, 2024.

SAMICO, P.; TOCCI, G; CARNEIRO, T.; CABRAL, V (coord.). *Legal Operations para começar:* um guia com *insights* para suas operações legais. São Paulo: Saraiva Jur, 2023.

SCHEIN, E. H. *Cultura organizacional e liderança*. São Paulo: Atlas, 2022.

SINEK, S. *Comece pelo porquê:* como grandes líderes inspiram pessoas e equipes a agir. Tradução Paulo Geiger. Rio de Janeiro: Sextante, 2018.

Referências

SINEK, S. *Encontre seu porquê:* uma forma prática para descobrir o propósito em você e sua equipe. Rio de Janeiro: Sextante, 2018. *E-book.*

SINEK, S. *How great leaders inspire action.* 2009. 1 vídeo (17min47s). TEDxPuget Sound. Disponível em: https://www.ted.com/talks/simon_sinek_how_great_leaders_inspire_action?subtitle=en&lng=ptbr&geo=pt-br. Acesso em: 23 jan. 2025.

SINEK, S. *O jogo infinito.* Tradução Paulo Geiger. São Paulo: Sextante, 2020.

SOUZA, G. *Gatilhos mentais:* o guia completo com estratégias de negócios e comunicações provadas para você aplicar. São Paulo: DVS, 2019.

SUSSKIND, R. *Advogados do amanhã.* Florianópolis: Emais, 2023.

SUTHERLAND, J.; SUTHERLAND, J. J. *Scrum:* a arte de fazer o dobro do trabalho na metade do tempo. São Paulo: LeYa, 2019.

TALEB, N. N. *A lógica do cisne negro:* o impacto do altamente improvável. Rio de Janeiro: BestSeller, 2021.

THALER, R. H.; SUNSTEIN, C. R. *Nudge:* como tomar melhores decisões sobre saúde, dinheiro e felicidade. Rio de Janeiro: Campus, 2019.

THOMSON REUTERS BRASIL. *Thomson Reuters Brasil.* Disponível em: https://www.thomsonreuters.com.br/. Acesso em: 20 dez. 2023.

WILLIAMS, M.; PENMAN, D. *Atenção plena: mindfulness.* São Paulo: Sextante, 2022.